hl

s

Jochen Walter Praschl

Corporate Green Events

Das verborgene Potenzial von nachhaltigen Firmenevents

AV Akademikerverlag

Impressum / Imprint

Bibliografische Information der Deutschen Nationalbibliothek: Die Deutsche Nationalbibliothek verzeichnet diese Publikation in der Deutschen Nationalbibliografie; detaillierte bibliografische Daten sind im Internet über http://dnb.d-nb.de abrufbar.

Bibliographic information published by the Deutsche Nationalbibliothek: The Deutsche Nationalbibliothek lists this publication in the Deutsche Nationalbibliografie; detailed bibliographic data are available in the Internet at http://dnb.d-nb.de.

Coverbild / Cover image: www.ingimage.com

Verlag / Publisher:
AV Akademikerverlag
ist ein Imprint der / is a trademark of
OmniScriptum GmbH & Co. KG
Heinrich-Böcking-Str. 6-8, 66121 Saarbrücken, Deutschland / Germany
Email: info@akademikerverlag.de

Herstellung: siehe letzte Seite /
Printed at: see last page
ISBN: 978-3-639-84096-4

CORPORATE GREEN EVENTS

Das verborgene Potenzial von nachhaltigen Firmenevents

Wien, im September 2014

Abstract

Im ersten Moment mögen das Feiern von großen Festen und das ressourcenschonende Handeln einen Widerspruch per se darstellen. Green Events jedoch
versuchen unter Berücksichtigung der drei Dimensionen der Nachhaltigkeit,
ökonomisch, ökologisch und sozio-kulturell sorgsam Veranstaltungen aller Art
durchzuführen. Diese MasterThesis widmet sich nachhaltigen Firmenveranstaltungen und erforscht das Potenzial für die ausführenden Eventagenturen und
die beauftragenden VeranstalterInnen. Als Forschungsmethode wurde die qualitative Inhaltsanalyse gewählt. Acht Interviews mit Führungskräften aus renommierten Eventagenturen und Veranstaltenden und ein abschließendes Ex-
perteninterview mit einem Green Event- und Umweltzeichen-Consultant dienten
als Grundlage. Die Ergebnisse zeigen vermehrtes Bewusstsein und einen steigenden Trend hin zu nachhaltigen Firmenevents, verdeutlichen allerdings auch
die Hürden und Startprobleme unter den OrganisatorInnen, vor allem im Bereich der nur ansatzweise sensibilisierten Locations und LieferantInnen. Es
handelt sich um eine junge Veranstaltungsform – das Österreichische Umweltzeichen für Green Events beispielsweise gibt es erst seit 2012 – und es sind
aktuell nur wenige Personen zu finden, die zu dem Thema gut geschult sind.
Wobei auch hier ein rascher Wandel zu beobachten ist, was an der jährlich
steigenden Zahl der Umweltzeichen-LizenznehmerInnen auffällt. Bedeutend bei
der Arbeit sind die praxisnahen Ergebnisse, die aus zwei Perspektiven entstanden sind: aus der der auftraggebenden Unternehmen und der der ausführenden
Eventagenturen. Die Zukunftsprognose, die beide Seiten teilen, ist eine hoff-
nungsvolle: der Green Event-Trend steigt weiter an und hat das Potenzial in
den nächsten zehn Jahren zu einem Standard bei Firmenveranstaltungen zu
werden.

Vorwort

„Natur und Kunst, sie scheinen sich zu fliehen

und haben sich, eh man es denkt, gefunden;

der Widerwille ist auch mir verschwunden,

und beide scheinen gleich mich anzuziehen."

(Goethe, 1885, S. 108)

Wer langfristige Nachhaltigkeit und modernes Entertainment unter ein und den-selben Hut bringen will ist entweder IdealistIn, TüftlerIn, UmweltaktivistIn oder – wie in meinem Falle – ein an die nächste Generation denkender Familien-mensch mit ausgeprägtem Hang zum Show-Business. Einen Hobby-Musiker und professionellen Eventausstatter wie mich faszinieren schlichtweg das Rampenlicht, die gute Akustik, das multimediale Erlebnis und das inszenierte Feiern in feinem Ambiente einerseits. Auf der anderen Seite erblicke ich in den Augen meiner Kinder den Hoffnungsschimmer auf eine nachhaltig gesunde, mensch- und naturverbundene Zukunft.

Warum sich jedoch das langfristige Ressourcenschonen und das kurzfristige Ressourcenvergeuden im Eventbusiness so sehr spießen sollten war mir schon geraume Zeit ein Rätsel. Auf der Suche nach dem Missing Link gewann ich aus Fachliteratur, ExpertInneninterviews und praxisnaher Beobachtung Informatio-nen, die mir eine Komplexität der Nachhaltigkeit eröffneten, die ich mir nicht ausdenken hätte können.

Einer auf prompten Profit hin gesteuerten Wirtschaft, einer stetig wachsenden Konsumgesellschaft, einer globalen Vernetzung der massenproduzierenden Industrieländer und einer nur langsam reagierenden Politik und starken Lobbys mit nachhaltigen Argumenten und Strategien entgegen zu treten erscheint wie die Arbeit von Sisyphos.

Doch es gibt von Jahr zu Jahr mehr Personen und Initiativen auf regionaler, landesweiter und internationaler Ebene, die nachhaltiges Denken und Agieren fordern und fördern, aus den unterschiedlichen Motiven heraus, jedoch mit demselben Grundgedanken und Ziel. Der menschliche Drang nach Erhaltung des Starken, des Währenden ist Teil der Evolution und wird immer mehr auch Teil des täglichen Schaffens. Diese Arbeit soll beleuchten, wie sich die moderne Kunst des Events einer modernen Nachhaltigkeit annähert.

Gewidmet meinen drei Töchtern Alma, Alegría und Luna Praschl-Rubiano.

Inhaltsverzeichnis

1 EINLEITUNG

1.1 Problemstellung

Es ist ein Widerspruch in sich große Firmenfeste zu feiern und gleichzeitig umweltverträglich und nachhaltig zu sein. Doch diese Widersprüchlichkeit stellt von Jahr zu Jahr für immer mehr Unternehmen den Anreiz dar ihre nachhaltige Qualität und nachhaltig ausgerichteten Werte bei Veranstaltungen zu implementieren und zur Schau zu stellen. Das Phänomen der Corporate Green Events steigt kontinuierlich.

Im Bereich der Forschung steht dieses Thema erst kürzlich im Fokus. Infolgedessen sind noch wenig gedruckte Literatur und wissenschaftliche Abhandlungen zu nachhaltiger Veranstaltungsorganisation von Firmenevents zu finden.

Ein weiteres Problem ist die Überwindung der Firmen hin zu einer neuen Art ihre Events zu gestalten. Für diese Scheu mag die Hauptursache das aufwendige Erfüllen der Kriterien und Auflagen sein, vor allem bei der ersten Durchführung eines Green Events.

Obwohl nachhaltige Events doch innovativ und zukunftsweisend sind, stellt sich die Frage, warum im Vergleich nur wenige VeranstalterInnen auf Green Events setzen und die Anzahl der lizenzierten Agenturen zwar steigt aber allgemein noch sehr gering ist.

Diese Masterarbeit erforscht ein Potenzial nachhaltiger Events, das für die veranstaltenden Unternehmen wie die organisierenden Eventagenturen von Relevanz sein kann.

1.2 Fragestellung

Die Forschungsfrage lautet: Welches Potenzial haben Green Events für Eventagenturen und VeranstalterInnen im Vergleich zu anderen?

Als Untersuchungsmethode wählt der Autor einen qualitativen Ansatz mit der Inhaltsanalyse von ExpertInneninterviews und der Ausarbeitung folgender Kategorien:

- EntscheidungsträgerInnen und Beweggründe
- CSR und Kommunikation beim Event
- Vorbereitung und Informationsbeschaffung in der Praxis
- Vorteile und Außergewöhnliches bei Green Events
- Nachteile und Erkenntnisse bei Green Events
- CO_2-Bilanzierung
- Wiederholung eines Green Events
- Persönliche Erlebnisse der OrganisatorInnen
- Perspektive 2024.

Die Kategorien werden schließlich zu Hypothesen zusammengefasst, die sich auf die folgenden Bereiche bei nachhaltigen Firmenveranstaltungen beziehen:

- Initiativen von Einzelpersonen
- Nachhaltigkeit als Unternehmensstrategie
- Informationsbeschaffung und Abwicklung eines Corporate Green Events
- Eventagenturen und Umweltzeichen-Zertifizierung
- LieferantInnenthematik
- Green Event geht durch den Magen
- Die Wahrnehmung der Gäste
- Einmalige versus wiederholte Green Events
- Green Washing versus Umweltzeichen
- Der Trend zu Corporate Green Events
- Gesetze zu nachhaltigen Firmenevents bis 2024.

2 THEORETISCHE GRUNDLAGEN

2.1 Einführung der zentralen Begriffe

2.1.1 Event und Eventformen

Der englische Begriff Event bedeutet in der deutschen Übersetzung Begebenheit, Ereignis, Vorfall. Ein Ereignis wird als etwas bezeichnet, was den normalen, alltäglichen Ablauf in bemerkenswerter Weise unterbricht und durch seine Ungewöhnlichkeit auffällt. (vgl. Neumann, 2006, S. 67)

Ein Blick in das alte Rom lohnt sich, schließlich leitet sich das englische Wort von dem lateinischen Eventus ab und meint Erfolg, Ergebnis oder auch Schicksal. Der Circus Maximus ist nach heutigem Verständnis als eine enorme, bis zu 145.000 Personen fassende Eventarena zu betrachten, wo Liveereignisse mit bewusster Inszenierung zu Unterhaltungszwecken stattfanden. Bei Betrachtung des Terminus Eventus als Erfolg oder Ergebnis bedeutet er auf heutige Sicht umgelegt ein Ergebnis von Planung und Vorbereitung, Inszenierung und vor allem einer Absicht. Wiederum umgelegt auf das nicht ganz so alte Österreich ist auch eine Event-Tradition zu erkennen: die politischen Gespräche der Wiener Kongresse in den Jahren 1814 und 1815, bei denen es um nichts Geringeres als die Neuaufteilung Europas ging, bezeichneten die Teilnehmenden als Tanzende Kongresse. Als guter Gastgeber wollte Kaiser Franz I. Wien in einen Ort mit viel Vergnügungen, Bällen und sonstigen geselligen Events verwandeln. (vgl. Zukunftsinstitut Österreich, 2011, S. 12)

Welche große Bandbreite und Komplexität die Veranstaltungsbranche umfasst formulieren Baum, Deery, Hanlon, Lockstone & Smith so: „Events reichen vom kleinen Dinner im vertrauten Kreis bis zu großen Sportveranstaltungen wie die Olympischen Spiele. Dies zeigt, dass die Eventindustrie zu einem hohen Grade fragmentiert ist und viele Komponenten beinhaltet." (Baum, Deery, Hanlon, Lockstone & Smith, 2009, S. 217)

Der deutsche Kommunikationsverband BDW definiert in seinem Erhebungsbericht von 1992 Veranstaltungen wie folgt: „Unter Events werden inszenierte Ereignisse, sowie deren Planung und Organisation im Rahmen der Unternehmenskommunikation verstanden, die durch erlebnisorientierte firmen- oder produktbezogene Veranstaltungen emotionale und physische Reize darbieten und einen starken Aktivierungsprozess auslösen." (BDW, 1992, S. 3). Im selben Jahr spricht Böhme-Köst Veranstaltungen einen emotionalen Impact, Ereignis-Charakter, aktive Involvierung des Konsumenten und eine einzigartige Konfiguration zu. (vgl. Böhme-Köst, 1992, S. 186)

Die Eventformen, also die Arten von Events, die der Fachverband Freizeit- und Sportbetriebe der Wirtschaftskammer Österreich unterscheidet sind folgende (WKO, 2013, S. 2):

1) Öffentliche und private Veranstaltungen (Corporate Events, Business Events) mit Marketingaspekt und als Kommunikationsstrategie, wie zB. Get-together-Events, Kick-off- und Motivations-Veranstaltungen, Jubiläen, Kundenfeste, Tagungen und Kongresse. Sie dienen der multisensualen Inszenierung von Marken und Erlebniswelten.

2) Öffentliche Veranstaltungen wie zB. Theater- und Kabarettaufführungen, Konzerte, Tanzveranstaltungen und Clubbings, Ausstellungen, Messen, Sportereignisse sowie bürgerliche Festlichkeiten wie Leistungsschauen und Stadtfeste.

3) Nicht öffentliche Veranstaltungen des privaten Lebensbereiches wie Kinder-, Sponsions-, Geburtstags- und Hochzeitsfeste und sonstige bürgerliche Feierlichkeiten.

4) Freie, nicht den Veranstaltungsgesetzen unterliegende Events wie kirchliche, wissenschaftliche, schulische und universitäre Veranstaltungen sowie Kurse, Seminare und Workshops.

(WKO, 2013, S. 2)

2.1.2 Eventagentur

Der Fachverband Freizeit- und Sportbetriebe der Wirtschaftskammer Österreich sieht Eventagenturen als Expertinnen für die Konzipierung, Planung, Vorbereitung, Organisation, Durchführung und Nachbearbeitung von privaten und öffentlichen Veranstaltungen aller Art. Sie verfügen über die entsprechenden behördlichen Berechtigungen und sind Mitglied in der jeweiligen Wirtschaftskammer. (vgl. WKO, 2013, S. 3)

Bei der Frage wie weit eine Veranstaltungsagentur organisatorisch eingebunden werden kann, sieht Bischof viele Abstufungen zwischen der Entscheidung, ob alles selbst durch die Veranstaltenden oder alles durch eine Agentur gemacht werden soll. Die Entscheidung des Grades der Agentureinbindung ist abhängig von den finanziellen Gegebenheiten, dem vorhandenen Know-how, den personellen Kapazitäten und der Größe des geplanten Events. (vgl. Bischof, 2008, S. 10)

Folgende Abstufungen sind zu unterscheiden:

- komplette Auslagerung an eine Full-Service-Eventagentur
- nur Teilbereiche an eine Eventagentur abgeben
- Einbindung einer Production-Company (direkt oder über die Agentur)
- Einbindung anderer Spezialagenturen (z.B. Green Event LizenznehmerInnen)
- Eigenregie.
  (Bischof, 2008, S. 10)

Die Aufgabengebiete können für eine Eventagentur also von Komplett- bis Teil- oder nur Spezial-Abwicklung reichen und erfordern daher ein breites Spektrum an Wissen, Erfahrung, Kreativität und Flexibilität.

2.1.3 VeranstalterIn

Die Rechtsgrundlage für das Veranstaltungswesen ist in Österreich Landes-
und nicht Bundessache. Das Wiener Veranstaltungsgesetz definiert im Para-
graphen 3 einen Veranstalter als denjenigen, auf dessen Rechnung die Veranstaltung erfolgt, sowie „jeden, der sich öffentlich als Veranstalter ankündigt oder
den Behörden gegenüber als solcher auftritt. Veranstalter können natürliche
und juristische Personen sowie Personengesellschaften des Handelsrechtes
sein, sofern sie nicht von der Durchführung von Veranstaltungen ausgeschlos-
sen wurden". (Link Wiener Veranstaltungsgesetz, § 3)

Laut Fachverband Freizeit- und Sportbetriebe der Wirtschaftskammer Österreich sind die AuftraggeberInnen - KundInnen von Eventunternehmen - VeranstalterInnen aller Art, wie etwa Behörden und Organisationen, Unternehmen
und Privatpersonen. Eine Eventagentur stellt ihrem Partner, dem/der Veranstal-
terIn, ein klar verständliches Angebot und rechnet in nachvollziehbarer Weise
ab. Das Agenturhonorar richtet sich nach den vereinbarten Leistungen. Es ist
vorab klar zu definieren, welche Leistungen die Eventagentur im Namen und
auf Rechnung des Auftraggebers erbringt. Die Unternehmen sollen des Weiteren über eine Betriebs- bzw. Veranstalter-Haftpflichtversicherung mit einer aus-
reichenden Deckungssumme verfügen. (vgl. WKO, 2013, S. 1)

Die Zusammenarbeit mit externen DienstleisterInnen eröffnet Veranstaltenden
ein komplexes Netzwerk, denn viele einzelne, ganz unterschiedlich funktionie-
rende Gewerke sind zu koordinieren und organisieren. Mehrmann & Plaetrich
betrachten diese in zusammen gefasster Weise je nach Veranstaltungstyp und
-profil wie folgt:

> „Die Convention Bureaus helfen bei der Auswahl von Tagungsstätten.
> Für die Auswahl von besonderen Veranstaltungsorten gibt es darauf
> spezialisierte Agenturen. Werbe- und PR-Agenturen müssen möglicher-
> weise zur Umsetzung der Gestaltung herangezogen werden. Druckerei-
> en fertigen die entsprechenden Drucksachen. Mit Reisebüros sind even-

tuell Sonderkonditionen hinsichtlich der An-, Abreise und/oder Unterkunft zu vereinbaren. Mit dem Öffentlichen Personennahverkehr müssen eventuell Verhandlungen hinsichtlich des Charterns von Sonderbussen geführt werden. Mit Messebaugesellschaften gilt es Standplanungen zu besprechen, Künstler-Agenturen helfen bei der Planung des Programms und beim Engagieren von Künstlern. Event-Agenturen planen für Sie die Veranstaltung so, dass sie ein unvergessenes Erlebnis für die Besucher wird." (Mehrmann & Plaetrich, 2003, S. 79)

Diese Beschreibung der einzelnen Dienstleistungen zeigt die Komplexität der Eventbranche auf. Verständlicherweise ziehen VeranstalterInnen deshalb gerne Eventmanagementprofis zu Rate, nicht nur zur Planung und Koordination sondern auch zur reibungslosen und gesetzesgetreuen Abwicklung ihrer Veranstaltung.

2.1.4 Green Event

Ein grüner Event berücksichtigt die drei Dimensionen der Nachhaltigkeit, nämlich die ökologische, die ökonomische und die sozio-kulturelle. Einen langfristigen Nutzen schaffen diese Events durch die Verringerung der Umweltbelastung, durch soziale und kulturelle Akzente und durch die Berücksichtigung der regionalen und nachhaltigen Wirtschaft. Letztlich sei auch die mediale Aufmerksamkeit und öffentliche Sensibilisierung zu diesem Thema zu erwähnen, denn das Motto lautet „Tu Gutes und rede darüber" (Graf Zedtwitz-Arnim, 1978, S. 1), hergeleitet von Erich Kästners Zitat „Es gibt nichts Gutes, außer: man tut es!" (Kästner, 1936, S. 36).

Dr. Joe Goldblatt, Gründer und Präsident der International Special Events Society (ISES), nennt 2002 einen Event „a unique moment in time celebrated with ceremony and ritual to satisfy specific needs" (Goldblatt, 2002, S. 6). Er gilt als Pionier im Gebiet der Special Events und ist als Autor und Herausgeber an über 30 Büchern zu dem Thema beteiligt, als Co-Autor auch zu dem Spezial-

14

thema Green Events. 2012 widmet sich sein Sohn Samuel Goldblatt in seinem Werk „The Complete Guide to Greener Meetings and Events" dem Thema der nachhaltigen Veranstaltungen und sieht dabei drei Hauptstrategien, nämlich „innovation, conservation and education" und den Wandel hin zu nachhaltigen Prinzipien im Eventbusiness, den er wie folgt beschreibt:

> „It is critical to recognize that greener meetings and events are not just a fad or a business trend. All major associations within the various convention, hospitality, incentive travel, meetings, and event industries are making significant, long-term changes: developing certifications, publishing reports and books, organizing conferences, and altering mission statements to reflect the principles of greener meetings and events."
> (Goldblatt, 2012, S. 19)

Was der Autor mit diesen beiden Originalzitaten besonders hervorheben will, ist das Weiterverfolgen und Verfeinern einer Idee von einer Generation zur nächsten hin, und wie der Sohn eines renommierten Pioniers im Bereich der Special Events den heutigen Wandel zur Nachhaltigkeit zu einem aktuellen Anliegen macht, der keine Modeerscheinung sondern eine signifikante Weiterentwicklung darstellt.

Henry David Thoreau, ein US-amerikanischer Schriftsteller schrieb 1854 in seinem Werk „Walden - or Life in the Woods": „Goodness is the only investment that never fails." Bauer, Capps & Hart erwähnen dieses Zitat als Einleitung zu ihrem Kapitel über Triple-Bottom-Line Event Planning und beschreiben die enorm hohe Auswirkung der Eventindustrie auf Müll- und CO_2-Produktion:

> „When we consider special events, such as music concerts, festivals, sporting events, weddings, parties, reunions and birthdays, the impact of the event industry is staggering. This industry has one of the largest environmental footprints related to carbon and waste. A single 200-person conference event can produce as much waste in an hour as a family of four will produce in one year." (Bauer, Capps & Hart, 2010, S. 78)

Für EventplanerInnen ergibt sich daraus einerseits eine hohe Verantwortung, andererseits eine enorme Chance. In Anlehnung an Thoreaus Vorschlag zur erfolgreichen Investition in Güte sind OrganisatorInnen, die nicht nur ihre Events grün umsetzen sondern auch die Veranstaltungsbranche beeinflussen wollen, in einer idealen Position zur Mithilfe, die Welt ohne vermeintliche Einbußen nachhaltiger zu gestalten. Denn bei Green Events gibt es keine Einbußen, weder Chic noch Eleganz oder Glanz gehen verloren. Wer die Entscheidung hin zu Green Events trifft unterstützt eine nachhaltige Wirtschaft und in weiterer Folge Hotels, Locations, Caterer und andere Ausstatter, die sozial, umweltbewusst und wirtschaftlich nachhaltig agieren. Für EventplanerInnen ist es eine neue Herausforderung, die keineswegs einfach ist, sie ist mit aufwendiger Recherche, gründlicher Planung und sauberer Abwicklung verbunden. (vgl. Bauer, Capps & Hart, 2010, S. 79)

Es folgt eine Auflistung, die in Bezug auf Mensch und Natur einen einzigen Tag und dessen Auswirkungen auf die Erde in Zahlen zusammenfasst:

An einem durchschnittlichen Tag auf dem Planeten Erde steigen rund

- 15 Mio. Tonnen CO_2 in die Atmosphäre
- und 27.000 Tonnen FCKW,
- sterben 50 Spezies aus,
- gehen 170 Mio. Tonnen Humus verloren
- und werden 263.000 Menschen geboren.

(vgl. Bauer, Capps & Hart, 2010, S. 79)

2013 sprach der damals in Österreich amtierende Landwirtschafts- und Umweltminister DI Berlakovich von der Vielzahl an Maßnahmen, die das Lebensministerium durch verantwortungsvolles Handeln setzt, und zwar mit Initiativen zur Stärkung einer nachhaltigen land- und forstwirtschaftlichen Produktion, für sauberes Wasser, reine Luft, zur Schonung von Ressourcen oder zur Förderung der Lebensqualität im ländlichen Raum. Wohlstand und Lebensqualität umfassen zusätzlich zu wirtschaftlichen Aspekten auch Fragen der Sicherheit, der Gesundheit, des Zustands der Umwelt und Verteilungsfragen. Berlakovich fasst es so zusammen:

> „Österreich hat sich das Ziel gesetzt, wirtschaftlichen Wohlstand und Lebensqualität für alle auf der Grundlage eines intakten Lebensraums sowie einer verantwortungsvollen Rolle Österreichs in Europa und der Welt zu erreichen. Dabei soll auch die Lebensqualität künftiger Generationen gesichert werden. Nur gemeinsam, indem wir die Auswirkungen auf diese Aspekte im Auge behalten, können wir dies erreichen. Jeder einzelne Beitrag zählt zu einem erfolgreichen Ganzen."
> (Lebensministerium, 2013, S. 5)

2.1.5 Corporate Green Event

Wenn es nach dem Forum Marketing-Event-Agenturen geht, lassen sich Veranstaltungen in die folgenden drei Kategorien einteilen:

PUBLIC EVENTS: Zielgruppe sind Endverbraucher und die Öffentlichkeit
CORPORATE EVENTS: Business-to-Business (B-2-B)
EXHIBITION EVENTS: Veranstaltungen mit Messecharakter.

Speziell bei den Corporate Events geht es um die subtile Stärkung einer Marke, eines Images, einer Kunden- und Mitarbeiterbindung und wie Schäfer-Mehdi es erwähnt auch um eine Bewusstseinsbildung und -veränderung:

> „Marketing-Events sind nicht nur die großen Shows und Galas, bei denen der Effekt im Vordergrund und die Ziele im Hintergrund stehen. Es geht zum Beispiel um Bewusstseinsveränderung. Das liest sich erst einmal wie Weltverbesserung oder Manipulation. Aber es werden eben auch in Unternehmen immer wieder Ziele ausgewiesen, deren Umsetzung bei den Adressaten ein Nach- oder ein Umdenken erforderlich macht." (Schäfer-Mehdi, 2009, S. 31)

Die Durchführung einer Business-Veranstaltung als Green Event beachtet all diese Ziele. Und weitere Aspekte wie das soziale, das umwelt- und ressourcenschonende und wirtschaftlich nachhaltig orientierte Engagement werden implementiert.

Oft nutzen Unternehmen und andere AkteurInnen die Begriffe Nachhaltigkeit, Corporate Social Responsibility und Corporate Citizenship nach eigenem Interesse, schließlich gibt es rund um verantwortliches unternehmerisches Handeln viele Definitionen und mangels international einheitlicher Standards noch mehr Interpretationen. Es zeigen sich mittlerweile allerdings Abgrenzungen in internationaler Wirtschaft, Finanzwelt, Politik und Wissenschaft. Unabhängig davon, welche Definition man nimmt, unternehmerische Verantwortung bedeutet nicht einfach, Gutes zu tun. Glaubhaft ist nicht, wer Umwelt-, Sozial- oder Sportprojekten sponsert und ständig *nachhaltig* sagt. Es geht um die Wirtschaftsweise im Kerngeschäft. (vgl. Link Nachhaltigkeit Deutschland)

2.1.6 LizenznehmerIn

Lizenznehmerin des Österreichischen Umweltzeichens wird jene Organisation, die den Antrag beim Verein für Konsumenteninformation (VKI) einbringt, ist folglich Vertragspartnerin mit dem Lebensministerium (BMLFUW) und für die Einhaltung der Kriterien, deren Nachweis sowie die Lizenzierung der Veranstaltung verantwortlich.

Folgende Unternehmen sind berechtigt LizenznehmerIn für das Österreichische Umweltzeichen Green Meetings und Green Events zu werden:

- PCOs (Professional Congress Organizers) und Convention Bureaus
- Kongress- und Messezentren
- Kongress- oder Seminarhotels, die bereits nach der Umweltzeichen Richtlinie UZ200 zertifiziert sind

- Veranstaltungsunternehmen mit der WKO Agenturzertifizierung „Eventnet Certified Company"
- Andere Event-, Werbeagenturen oder Event-Marketer (Gewerbeschein, Nachweis der Tätigkeit) und deren Dachverbände
- Stadt- und Regionalmarketingbüros
- Bildungseinrichtungen, sofern sie nach der Umweltzeichen Richtlinie UZ302 zertifiziert sind und Universitäten, sofern sie über eine eigene Abteilung oder Dienstleistungseinrichtung für Veranstaltungsorganisation verfügen. (vgl. Lebensministerium, 2014, S. 7)

Ein wesentlicher Punkt ist der belegbare Geschäftszweck des Unternehmens, der Planung und Durchführung von Events in der Firmendefinition oder in der Angebotspalette aufweist. Ein Unternehmen, das seine Veranstaltung selbst organisiert, aber nicht selbst Lizenznehmer werden kann, weil es keiner der oben genannten Kategorien angehört, kann eine/n LizenznehmerIn mit der Zertifizierung seiner Veranstaltung beauftragen. Das Unternehmen ist dann eigenverantwortlich für die Umsetzung und die Erbringung der Nachweise der Kriterien zuständig. Der/die LizenznehmerIn ist für die Überprüfung der korrekten Umsetzung, die formale Abwicklung und die Aufbewahrung der erforderlichen Nachweise verantwortlich und kann für diese Arbeit ein entsprechendes Entgelt verrechnen. In diesem Fall muss in der schriftlichen Vereinbarung zwischen den involvierten AkteurInnen eine genaue Beschreibung der jeweiligen Verantwortung festgelegt werden. (vgl. Lebensministerium, 2014, S. 8)

2.1.7 Locations

Als Location wird der Eventort bezeichnet, der in wesentlichem Ausmaß den Look-and-Feel des Events beeinflusst. Auch implizierte soziale Codes der Austragungsstätte sind zu beachten: so macht es zum Beispiel einen wesentlichen Unterschied, ob ein/e MitarbeiterIn in ein Bierzelt oder ein nobles Palais geladen wird. Im Eventmanagement werden darüber hinaus noch weitere Aspekte berücksichtigt wie die räumliche Infrastruktur, die Erreichbarkeit, hausinterne Vorschriften und Auflagen, Verträge, Fix- oder Alternativ-Catering usw. (vgl. Hladky & Vögl, 2012, S. 29)

Im Falle von Green Events sind auch Umweltzeichen-lizenznehmende Locations von anderen zu unterscheiden.

Nach Schreiber teilen sich Veranstaltungsstätten in drei Arten auf: Kongresszentren, Tagungshotels und Eventlocations. Letztere nehmen im städtischen Raum einen höheren Anteil als Kongresszentren und Hotels ein, am Land verhält es sich umgekehrt. Die Art einer Veranstaltungsstätte bestimmt traditionellerweise die Eventart: so stehen Tagungshotels für kleinere bis mittelgroße Meetings, Kongresszentren für große Versammlungen und Eventlocations für Business-Veranstaltungen in einem besonderen Rahmen. (vgl. Schreiber, 2012, S. 42)

2.1.8 LieferantInnen

Viele DienstleisterInnen und AusstatterInnen sind im Auftrag von Eventorganisierenden an der Abwicklung einer Veranstaltung beteiligt. Geliefert werden neben Dekorationsmaterialien vor allem Möbel, Pflanzen, Druckwerke, Sponsoringartikel sowie Catering- und Technikmaterial. Auch KünstlerInnen bringen oft eigenes Equipment wie Instrumente, Bühnenaufbauten und dergleichen mit. Dies zu koordinieren und zu budgetieren ist Aufgabe des Eventmanagements.

Aufgrund des Anspruchs der Einzigartigkeit enthält die Koordination und Kalkulation von Einzelevents üblicherweise zum Großteil neue und schwer kalkulierbare Kostenbestandteile. Nur vereinzelt kommen fixe Kostensätze wie Steuern und fixe Personalkosten pro Stunde zum Einsatz, meist fallen variable Kosten bei den LieferantInnen an, wie Mobiliar, Dekoration, Druckerei, Technik und Catering. (vgl. Hladky & Vögl, 2012, S. 40)

Wo viele externe LieferantInnen mitwirken müssen alle Details aufeinander abgestimmt werden, um reibungslose Abläufe in der Organisation zu gewährleisten. Das Vertrauen zu SubunternehmerInnen ist genauso notwendig wie die Kontrolle und Absicherung der Kleinigkeiten. Von Beginn an ist es grundlegend, klaren Anweisungen und Zielsetzungen zu folgen. Die LieferantInnen sind gewissenhaft auszuwählen und auf Qualität zu prüfen. Diese Prüfung der Partnerunternehmen nimmt Zeit in Anspruch, was bei der Gesamtplanung eines Events zu berücksichtigen ist. (vgl. Harries & Wedekind, 2006, S. 73 f.)

2.2 Nachhaltigkeit in der Eventbranche

Der Begriff der Nachhaltigkeit stammt ursprünglich aus der Forstwirtschaft und wurde im 19. Jahrhundert entwickelt. Die damalige Bedeutung war, dass nur so viel Holz pro Zeiteinheit geschlagen werden durfte, wie in der gleichen Zeit auch wieder nachwachsen konnte. Im Laufe der Zeit wurde dieser Gedanke auf alle Ressourcen übertragen und im heutigen Wirtschaftsdenken hieße das von den Zinsen und nicht vom Kapital zu leben. Für Unternehmen ins Allgemeine übersetzt bedeutet es neben wirtschaftlichen Leistungen auch ökologische und soziale Leistungen langfristig zu erbringen. Im Englischen ist von Triple-Bottom-Line die Rede. (vgl. Grunwald & Kopfmüller, 2012, S. 19)

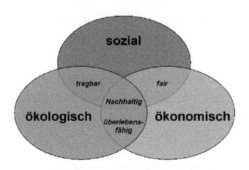

Abb. 1: Das "3-Säulen-Konzept" als grafische Übersicht. (Quelle: Johann Dréo, 2006)

Heutzutage gibt es allerdings über 100 verschiedene Definitionen, von denen jedoch keine als allgemeingültig betrachtet werden kann. Die am häufigsten zitierte und wohl bekannteste ist die Definition des Brundtland-Berichts 1987 der World Commission on Environment and Development, die lautet: „Sustainable development is development that meets the needs of the present without compromising the ability of future generations to meet their own needs." (WCED, 1987, S. 43).

Bei der Übersetzung ins Deutsche ergibt sich sinngemäß der Gedanke einerseits Verantwortung für die Nachwelt, andererseits ein menschenwürdiges Leben in der heutigen Welt gewährleisten zu müssen. Der Bericht hält weiter fest, dass die ökonomischen, ökologischen, politischen und sozialen Entwicklungen als eine Einheit zu betrachten sind.

Im Juni 1992 wurde mit der Konferenz der Vereinten Nationen für Umwelt und Entwicklung (UNCED) in Rio de Janeiro das Konzept der nachhaltigen Entwicklung im Rahmen der Agenda 21 schriftlich niedergelegt und von Regierungsvertretern aus 150 Ländern unterschrieben und somit verabschiedet. Die Agenda 21 stellt ein Umweltprogramm dar, welches darauf abzielt, die ökonomischen, ökologischen und sozio-kulturellen Entwicklungsfaktoren miteinander zu vernetzen. (vgl. Schreiber, 2012, S. 187)

Wenn es um die Nachhaltigkeit in der Veranstaltungsbranche geht, sind in der Fachpresse ein Umbruch und ein deutlicher Trend zu Umweltzertifizierungen und nachhaltig organisierten Events erkennbar. Immer mehr VeranstaltungsteilnehmerInnen erwarten umweltfreundliche und nachhaltig ausgerichtete Events und fordern somit die Unternehmen auf, ihr Handeln zu überdenken. Die Unternehmen fordern dies wiederum von den entsprechenden Veranstaltungsagenturen und den Locations, was jene ebenso zwingt, nachhaltig ausgelegte Veranstaltungsservices und -räumlichkeiten anzubieten. (vgl. Schreiber, 2012, S. 188)

Eine Befragung, welche 2009 im Rahmen der Fachmesse imex durchgeführt wurde, zeigt, dass Green Events und Green Meetings keine Modeerscheinung sind. Drei Viertel der Befragten würden nach eigenen Angaben eine Destination meiden, wenn sie wüssten, dass diese eine schlechte Umweltbilanz hat. Ebenfalls drei Viertel gaben an, dass Umweltthemen eine Rolle bei ihren Entscheidungen spielen und mehr als 80 Prozent der befragten Unternehmen waren der Ansicht, dass Umweltaspekte zukünftig immer wichtiger werden. (vgl. Angst, 2009, S. 38)

2.2.1 Die erste Dimension der Nachhaltigkeit: Ökologie

„Die ökologische Nachhaltigkeit umschreibt die Zieldimension, Natur und Umwelt für die nachfolgenden Generationen zu erhalten. Dies umfasst den Erhalt der Artenvielfalt, den Klimaschutz, die Pflege von Kultur- und Landschaftsräumen in ihrer ursprünglichen Gestalt sowie generell einen schonenden Umgang mit der natürlichen Umgebung." (Studt, 2008, S.186)

Auf die Veranstaltungsbranche bezogen betrifft diese ökologische Nachhaltigkeit folgende Bereiche eines jeden Green Events:

1) Abfallwirtschaft (Müllreduktion und -trennung, vor allem durch Drucksorteneinsparung, Mehrweggebinde etc.)
2) Catering (regionale Produkte, kurze Transportwege, kostenfreies Leitungswasser, Fairtrade-Produkte, Mehrweggeschirr etc.)
3) Klimaschutz (erneuerbare Energien, Ökostrom, energieeffiziente Geräte)
4) Mobilität (umweltfreundliche Transportmittel für An- und Abreise, öffentliche Anbindung, Shuttle-Dienste, Hotels in Geh-/ Fahrraddistanz)
5) Veranstaltungsstätte (Barrierefreiheit, gute Erreichbarkeit, umweltschonendes Energie- und Abfallmanagement)

(vgl. Link Umweltzeichen Richtlinien)

2.2.2 Die zweite Dimension der Nachhaltigkeit: Ökonomie

„Die ökonomische Nachhaltigkeit stellt das Postulat auf, dass die Wirtschaftsweise so angelegt ist, dass sie dauerhaft eine tragfähige Grundlage für Erwerb
und Wohlstand bietet. Von besonderer Bedeutung ist hier der Schutz wirtschaft-
licher Ressourcen vor Ausbeutung." (Studt, 2008, S.186)

Auf die Eventbranche umgelegt ergeben sich folgende Punkte, denen Beachtung zukommt:

1) Ressourcenmanagement (Reduktion von Emissionen und Ressourcen)
2) Regionale Wertschöpfung (regionale Produkte, Arbeitskräfte und Infrastruktur)
3) Tourismus (Hotellerie, Transport und Rahmenprogramm)
   (vgl. Link Umweltzeichen Richtlinien)

2.2.3 Die dritte Dimension der Nachhaltigkeit: Sozio-kulturelle Aspekte

„Die soziale Nachhaltigkeit versteht die Entwicklung der Gesellschaft als einen
Weg, der Partizipation für alle Mitglieder einer Gemeinschaft ermöglicht. Dies
umfasst einen Ausgleich sozialer Kräfte mit dem Ziel, eine auf Dauer zukunfts-
fähige, lebenswerte Gesellschaft zu erreichen." (Studt, 2008, S.186)

Für VeranstaltungsorganisatorInnen bedeutet das eine verstärkte Aufmerksamkeit in folgenden Bereichen:

1) Barrierefreiheit (für durch Behinderung beeinträchtige Menschen darf
   kein Nachteil entstehen, z. B. Rollstuhlfahrer, Hör- oder Sehbehinderte)
2) Gesundheit (Sicherheit, Jugend- und Arbeitnehmerschutz, Rettung)
3) Gender Mainstreaming (Ausgewogenheit und Chancengleichheit bei
   Männern und Frauen, geschlechtsneutrales Formulieren)

4) Soziale Verantwortung (Gleichberechtigung aller unabhängig von Alter, Geschlecht, Herkunft, Religion oder Handicaps)
(vgl. Link Umweltzeichen Richtlinien)

2.3 Nachhaltigkeitszertifikate

2.3.1 Das Österreichische Umweltzeichen

Auf Initiative des Umweltministeriums wurde 1990 das "Österreichische Umweltzeichen" geschaffen. Die grafische Gestaltung trägt unverkennbar die Handschrift seines Schöpfers Friedensreich Hundertwasser und symbolisiert die Elemente Erde, Luft, Natur und Wasser.

Abb. 2: Österreichisches Umweltzeichen. (Quelle und Copyright: Lebensministerium BMLFUW)

Abb. 3: Schöpfer Hundertwasser. (Quelle und Copyright: Lebensministerium BMLFUW)

Mit dem Umweltzeichen wird die Öffentlichkeit seither über die Effekte von Produkten und Dienstleistungen informiert. Als Garant für geringe Umweltbelastungen ausgezeichneter Produkte und Dienstleistungen wurde es auch zu einem hohen Qualitätsmerkmal. Damit ausgezeichnet werden Produkte, Tourismusdienstleistungen sowie Bildungseinrichtungen.

Österreich war bereits mit einigen Initiativen Vorreiter der nationalen Umweltzeichensysteme. 1996 wurde erstmals die Richtlinie zur Vergabe des Österreichischen Umweltzeichens für Tourismusbetriebe veröffentlicht. In dieses System von Richtlinien fügte sich die Umweltzeichenrichtlinie 62 für Green Meetings im Jahre 2009 ein und wurde 2012 um Green Events erweitert. In dieser Richtlinie werden sowohl an das organisierende Unternehmen selbst, als auch an alle Aspekte einer Veranstaltung Umweltanforderungen wie Anforderungen im sozialen Bereich gestellt. Veranstaltungen stehen oftmals im Fokus der Öffentlichkeit und sollen daher Verantwortung in allen Bereichen der Nachhaltigkeit übernehmen. (vgl. Link Umweltzeichen Richtlinien)

Die Richtlinie UZ62 wird kontinuierlich vom Verein für Konsumenteninformation (VKI) in Zusammenarbeit mit VertreterInnen der Eventbranche, den relevanten InteressenvertreterInnen sowie UmweltexpertInnen verbessert. Eventagenturen und auch deren AuftraggeberInnen und Sponsorfirmen werden sich ihrer gesellschaftlichen Verantwortung für die Umwelt und die TeilnehmerInnen zunehmend bewusst. Eine Portion innovativer Ideen und kreativer Entwürfe sowie das Bekenntnis dazu, den nächsten Generationen eine lebenswerte Welt hinterlassen zu wollen, können jedes Event zu einem Green Event werden lassen. (vgl. Lebensministerium, 2014, S. 6)

Die praktische Abwicklung und die dafür relevanten Punkte umschreibt das Lebensministerium aktuell so:

> „Anhand eines umfassenden Kriterienkatalogs muss ein Event in den folgenden Bereichen bestimmte Vorgaben erfüllen: Angebote zu umweltverträglicher Anreise, Mobilität vor Ort und CO_2-Reduktion, umweltfreundliche Unterkünfte, Caterer und Eventtechnik, umweltfreundliche

Beschaffung, Material- und Abfallmanagement, soziale Aspekte und Kommunikation. Natürlich wird auch der Veranstaltungsort miteinbezogen, besonders anspruchsvoll sind hier die Kriterien, wenn die Veranstaltung in der Natur stattfindet. Außerdem werden Besonderheiten honoriert wie beispielsweise die Verwendung von Bio-Lebensmitteln im Speisenangebot und spezielle Angebote für Personen mit Behinderung. Auch das durchführende Unternehmen selbst muss seine Kompetenz in nachhaltiger Büroführung belegen." (Lebensministerium, 2014, S. 7)

2.3.2 Die internationale Green Globe Certification

Das Green-Globe-Programm ist auf die Umwelt- und Entwicklungskonferenz der Vereinten Nationen 1992 in Rio de Janeiro zurückzuführen, wo 182 Staatschefs wie oben erwähnt der Agenda 21 zur nachhaltigen Entwicklung zustimmten. Der Begriff des nachhaltigen Tourismus steckte damals noch in den Kinderschuhen und wurde oftmals als Special-Interest-Tourismus kategorisiert. Green Globe, mit Sitz in Los Angeles, entwickelte hierauf Strategien zur Nachhaltigkeit, die es Tourismusorganisationen erstmals ermöglichten ihre Umweltbelastungen zu messen und zu reduzieren. Vom Sitz in Los Angeles aus erstreckten sich das Netzwerk, die daraus entstandenen Zertifizierungen, Marketingservices und Schulungen schnell über 83 Länder weltweit.

Abb. 4: Green Globe Logos (simpel und mit Zertifizierungshaken).
Quelle und Copyright Green Globe Certification.

27

Dank einer Kooperation mit dem Europäischen Verband der Veranstaltungscentren (EVVC) hat sich das Umweltzeichen Green Globe 2009 in der Veranstaltungs- und Hotelbranche in Deutschland etabliert. Der Green Globe stellt dort ein pragmatisches Umweltmanagementsystem dar, das sich an internationalen Umweltmanagementstandards orientiert und diese durch eine sinnvolle Kombination aus internetgestützter Selbstauskunft und einer Zertifizierung vor Ort einfach umsetzbar macht. Ebenfalls positiv ist, dass alle Veranstaltungen in einem Veranstaltungszentrum von der Zertifizierung abgedeckt werden. (Link Green Globe)

In Bezug auf Veranstaltungslocations bietet der Branchenverband EVVC seit 2010 in Kooperation mit Green Globe eine Zertifizierung an, die speziell auf die Besonderheiten der deutschen Veranstaltungsbranche zugeschnitten ist. Durch die Kooperation mit dem EVVC ist die Auszeichnung mit Green Globe zum wichtigsten Nachhaltigkeitsindikator in der Branche aufgestiegen. (vgl. Link Green Globe)

In Österreich scheinen aktuell auf der Green-Globe-Webseite drei zertifizierte Unternehmen auf: das Hotel Kaiserhof und das Grand Hotel in Wien sowie das Congress Centrum Alpbach. Hierzulande hat sich im Veranstaltungsbereich das Österreichische Umweltzeichen durchgesetzt.

2.4 Beweggründe für Green Events

„In Europa setzt man noch radikaler auf den Faktor Echtheit, denn schließlich war das immer schon unsere eigentliche Stärke. Wer sich etwa durch das verschneite Tiroler Hochgebirge bis zum Haubenrestaurant Hospizalm durchkämpft, wird dort mit einer authentischen österreichischen Themenwelt belohnt. Nicht mit Kulissen wird hier thematisiert, sondern mit weitgehend echten Teilen alpenländischer tur." (Mikunda, 2007, S. 41)

Die Beweggründe können so vielfältig wie der Terminus Nachhaltigkeit selbst sein und sind abhängig von der jeweiligen Firmenphilosophie bzw. dem Leitbild und den entscheidungstragenden Personen. Was ganz allgemein gesagt werden kann, ist: Veranstaltungen sind sowohl als Umweltbelastung wie auch als Chance zu sehen und werden ein immer gewichtigerer Wirtschaftsfaktor, eine fachliche Bereicherung und eine soziale Kommunikationsplattform des Berufslebens. Klimaschutz, regionale Wertschöpfung und Sozialverträglichkeit tragen dabei entsprechend zu einem positiven Image bei den OrganisatorInnen, TeilnehmerInnen und Sponsoren bei. Anstatt Müllberge und Verkehrslawinen zu verursachen zeichnen sich Green Meetings und Events durch erhöhte Energieeffizienz, Abfallvermeidung und umweltschonende An- und Abreise der Gäste aus. (vgl. Weinhäupl & Zagel, 2011, S. 3)

Das Europäische Institut für TagungsWirtschaft beschreibt in seinem Meeting- & EventBarometer 2012 einen Trend hin zur Implementierung von Nachhaltigkeitsmanagementsystemen. Mehr als ein Drittel der befragten Unternehmen hat ein System zum Nachhaltigkeitsmanagement bereits integriert, was im Vergleich zum Vorjahr einer Steigerung von 10,3%-punkten entspricht. Der Nachweis eines Zertifikats ist bereits für ein Drittel der Unternehmen bei der Entscheidung für einen Veranstaltungsort relevant. Unabhängig von einem Zertifikat geben 86% der veranstaltenden Firmen an, dass die Bedeutung von Green Meetings weiter steigen wird. Somit bleibt festzustellen: AnbieterInnen und VeranstalterInnen sind sich über die zukünftig wachsende Bedeutung von Green Meetings weitestgehend einig. (Europäisches Institut für TagungsWirtschaft, 2012, S. 48)

Es ist in den letzten Jahren nicht nur ein grünes sondern ein nachdenklicheres Entertainment im Businessbereich zu beobachten. Mikunda spricht von einer Erlebnisgesellschaft mit neuem Hang zu gefühlter Authentizität. Während noch am Ende des vergangenen Jahrtausends die inszenierte Flucht in eine Traumwelt bei Firmenevents im Vordergrund stand, ist jetzt – und nicht nur seit dem 11. September 2001 – eine gewisse Nachdenklichkeit eingekehrt. „Die erfolgreichen Erlebniskonzepte der Gegenwart verbinden die Sehnsucht nach dem

Entertainment mit ehrlichen Gefühlen, mit echten Materialien, hochwertigem Design und mit der Seelenmassage zwischendurch für den gestressten Kunden. Kurzum: Die Erlebnisgesellschaft ist erwachsen geworden."
(Mikunda, 2007, S. 17)

Eine wissenschaftliche Betrachtungsweise zur Erlebnisgesellschaft liefert auch Drengner, der vier unterschiedliche Zugänge und Anteilnahmen an Events und deren jeweilige Botschaftsvermittlung folgenderweise darstellt:

1) das handlungsspezifische Ereignis-Involvement nach Glogger (1999, S. 181ff.) und Deimel (1992, S. 63ff.), welches beschreibt, mit welcher Intensität sich die Zielgruppe mit dem konkreten inszenierten Ereignis auseinander setzt. Dabei ist zu vermuten, dass mit einem steigenden prädispositionalen Eventinhalt-Involvement auch das Interesse an der jeweiligen Veranstaltung zunimmt (zB. Snowboarder besucht ein Snowboard-Event).

2) das handlungsspezifische Umfeld-Involvement, welches sich auf das gedankliche Engagement der EventbesucherInnen gegenüber dem Rahmen bezieht, in dem die Veranstaltung stattfindet. Dieses Umfeld sollte so gestaltet sein, dass es zur vermittelnden Botschaft passt und keine störenden Reize die EventteilnehmerInnen vom Ereignis und der Botschaft ablenken.

3) das handlungsspezifische Eventobjekt-Involvement handelt von einem zeitlich begrenzten Engagement gegenüber dem Eventobjekt. Beispielhaft lässt sich hier ein/e KonsumentIn anführen, der/die aufgrund einer aktuell zu fällenden Kaufentscheidung ein kurzzeitig gesteigertes Involvement gegenüber der jeweiligen Produktkategorie oder Marke besitzt.

4) das handlungsspezifische Botschafts-Involvement, das die direkte Auseinandersetzung der VeranstaltungsteilnehmerInnen mit der Eventbotschaft betrifft. Voraussetzung dafür ist, dass das Eventobjekt und die zu vermittelnden Eigenschaften von der Zielgruppe wahrgenommen werden.
(vgl. Drengner, 2003, S. 106)

Laut Knoblauch zeigen die KonsumentInnen mittlerweile ein erlebnisrationales Verhalten, indem sie von den EventveranstalterInnen erwarten, ihnen einen entsprechenden Rahmen für die gewünschten Erlebnisse zur Verfügung zu stellen (vgl. Knoblauch, 2000, S. 49). Das zeigt im speziellen Fall der Green Events eine gewisse gesellschaftliche Aufforderung an die OrganisatorInnen, ein auf Nachhaltigkeit basierendes Ambiente zu schaffen und tatkräftig umzusetzen. Das stellt schließlich einen weiteren Beweggrund für nachhaltige Events dar, der aus der anderen Richtung, also aus der Position des Gastes, entsteht.

Goleman fasst es in seinem Werk „Ökologische Intelligenz" so zusammen: „Auf Seite der Unternehmen wird der Umstand, dass Verbraucher Kaufentscheidungen stärker an ihren Werten ausrichten, eine heiß umkämpfte Arena für Wettbewerbsvorteile schaffen – eine Gelegenheit, Gewinn zu machen, die solider und vielversprechender ist als unser gegenwärtiges Öko-Marketing." (Goleman, 2009, S. 17)

2.5 Corporate Social Responsibility

Corporate Social Responsibility - CSR - ist ein Konzept der sozialen Verantwortung von Unternehmen der Gesellschaft gegenüber, ein freiwilliger Beitrag, der über den gesetzlichen Rahmen hinausgeht und das Ziel einer nachhaltigen Entwicklung verfolgt. Der Begriff beschreibt ein umfassendes gemeinnütziges Engagement der Unternehmen inklusive der Einhaltung der Menschenrechte sowie sozialer Standards, der Aufstellung eines Verhaltenskodex gegenüber den MitarbeiterInnen, AktionärInnen und der Gesellschaft, Umweltschutz und Ressourcenschonung. (vgl. Mayer, 2013, S. 21)

Der primäre Nutzen für ein Unternehmen besteht darin,

-   das Konzept der nachhaltigen Entwicklung in das operative Geschehen umzusetzen,

- das soziale Engagement des Unternehmens für seine MitarbeiterInnen und die lokale Gemeinschaft sowie Umwelt systematisch in sein Management zu integrieren und weiter zu entwickeln,
- die Reputation des Unternehmens zu erhalten und auszubauen,
- Risiken zu minimieren und
- die langfristige Lebensfähigkeit des Unternehmens zu sichern. (Link Wirtschaftskammer Österreich CSR)

Für das Eventmanagement bedeutet das eine Integrationsmöglichkeit dieser Firmenwerte in die Inszenierung einer Veranstaltung selbst. Wie Schäfer-Mehdi es beschreibt, sollten in alle Aspekte der Inszenierung und Planung eines Events die Corporate Identity (CI) und die Corporate Culture (CC) des Veranstaltenden einfließen, ob bei Bühnendesign, TeilnehmerInnenmanagement, Hotel oder Einladung. Das trifft ebenfalls auf den Bereich der Corporate Social Responsibility - CSR - zu: es verlangt viel Fingerspitzengefühl, einen unverkennbaren und individuellen Event zu schaffen, der nicht mit Logos und Slogans zugepflastert ist. Wenn es gelingt, das Ambiente auf die Philosophie und Gestaltungsrichtlinien des Unternehmens abzustimmen, dann kann von einer guten Inszenierung gesprochen werden. (vgl. Schäfer-Mehdi, 2009, S. 157)

2.6 Die Kommunikation

Wie die Kommunikation von Unternehmenswerten bei Events allgemein zu verstehen ist verdeutlicht Schäfer-Mehdi so:

> „Marketing-Events finden nicht zufällig statt, sondern haben einen Anlass. Eine Botschaft, die sich auf das Unternehmen, die Marke oder ein Produkt beziehen kann, wird durch eine live stattfindende Inszenierung vermittelt. Die Mittel sind eine Kombination aus Sprache und Text, Tanz und Musik, Klang und Licht, Medien und Dekoration. Aber auch Düfte und – beim Catering – der Geschmack können eine große Rolle spielen. Beim Event können Sie also alle Sinne ansprechen und so eine viel intensive-

re Wirkung erzielen als es der rein visuelle Reiz der klassischen Werbung ermöglicht. Wie kein anderes Kommunikationsmittel können Events Emotionen erzeugen." (Schäfer-Mehdi, 2009, S. 28)

Die vier klassischen Kommunikationsaufgaben eines Events sind:

- Information (z. B. über eine Neuheit informieren)
- Emotion (auf eine Situation einstimmen)
- Motivation (für neue Herausforderungen motivieren)
- Aktivierung (eine Handlung hervorrufen).
  (vgl. Schäfer-Mehdi, 2009, S. 13)

In der Praxis werden sie nicht einzeln dosiert, sondern werden gerade in der Kombination hochwirksam:

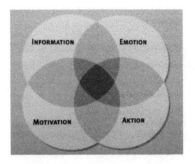

Abb. 5: Die vier klassischen Event-Kommunikationsaufgaben miteinander kombinieren, nach Schäfer-Mehdi (2009, S. 13).

2.7 Der Kostenfaktor

Die bisherigen Erfahrungen in der Ausrichtung von Green Meetings und Green Events haben gezeigt, dass sich die entstehenden Mehrkosten durch Greening Maßnahmen (z.B. im Bereich Catering und Dekorationsmaterial) bei entsprechend professioneller Planung mit möglichen Einsparungseffekten - insbesondere im Bereich der Entsorgungskosten für Restmüll, der Energiekosten und der Druckkosten - die Waage halten. Unter der Annahme, dass externe Umwelteffekte zunehmend über steigende Gebühren dem Verursacher angelastet werden, öffentliche Förderungen für Veranstaltungen an die Einhaltung von Greening Aspekten geknüpft werden und generell die Veranstaltungsverordnungen auf Länderebene strenger werden, haben in Zukunft Green Events einen zunehmenden Kostenvorteil. Und Unternehmen, die zeitgerecht auf den Zug aufspringen, schaffen sich durch den Organisationsvorsprung nicht nur Erfahrungs- und Referenzwerte sondern auch viele Sparmaßnahmen auf lange Sicht gesehen. (vgl. Tappeiner, 2013, S. 6)

Goleman sieht in seinem Werk Ökologische Intelligenz Einsparmöglichkeiten für Firmen durch die Integration der Nachhaltigkeit in die Unternehmensstrategie, die meist durch eine Reihe ökologisch vernünftiger Geschäftschancen erfolgt, und beschreibt am Beispiel einer Aktiengesellschaft, wie hoch die Verantwortung der einzelnen leitenden Angestellten für nachhaltiges Agieren im Bereich Strategie sein kann:

„Eine Aktiengesellschaft muss ständig unter Beweis stellen, dass sie auch dann profitabel sein kann, wenn sie nach ökologischen Kriterien arbeitet. Zu den Anzeichen dafür, dass sie diesen Punkt erreicht hat, gehört, dass die Verantwortung für eine nachhaltige Wirtschaftsweise nicht in der Hand einer Führungskraft liegt sondern bei leitenden Angestellten in einzelnen Geschäftsbereichen. Bei solchen Unternehmen besetzt Nachhaltigkeit einen wichtigen Platz in der Strategie und deren Umsetzung und bestimmt die Suche nach wichtigen neuen Märkten wie auch das Überdenken der Lieferketten".
(Goleman, 2009, S. 195f.)

2.8 CO_2-Bilanzierung

Für viele ExpertInnen suggeriert der Begriff Klimaneutralität, dass man ohne Folgen für das Klima zum Beispiel fliegen oder produzieren könnte, was in der Wirklichkeit nicht realisierbar ist. Ein/e AkteurIn kann nur dann glaubhaft wirken, wenn er/sie konsequent umwelt- und klimafreundlich handelt, dies auch offen zeigt und nicht nur auf den Nachhaltigkeitsbericht verweist. Ehrlicher ist der Begriff Klimakompensierung. Damit wird klarer, was wirklich passiert: nämlich, dass an anderen Stellen Maßnahmen ergriffen werden, die dafür sorgen, dass die bei einer Veranstaltung erzeugte CO_2-Menge wieder gebunden wird. (vgl. Schreiber, 2012, S. 180)

Im Alltag gewinnt Klimaschutz zunehmend an Bedeutung. Über Climate Austria kann ein freiwilliger Beitrag zur CO_2-Kompensation geleistet werden. CO_2-Emissionen können nicht gänzlich verhindert, doch können verursachte Emissionen an anderer Stelle eingespart werden. In Relation zum verursachten CO_2-Ausstoß werden Klimaschutzprojekte unterstützt und CO_2-Emissionen im selben Ausmaß vermieden. Dieser Vorgang wird als CO_2-Kompensation bezeichnet. Aktiv Klimaschutz zu betreiben bedeutet, sich seiner Verantwortung bewusst zu sein und die Belastung zu kompensieren. (vgl. Link Climate Austria)

Für Veranstaltungen gibt es von MyClimate einen eigenen CO_2-Event-Rechner, der die restlichen, unvermeidbaren Emissionen berechnen und mit Klimaschutzprojekten kompensieren lässt. MyClimate berät schon im Vorfeld, damit Klimaschutzmaßnahmen rechtzeitig geplant und getroffen werden. (vgl. Link MyClimate)

Auch das German Convention Bureau hat in Kooperation mit dem Klimaschutz-Beratungsunternehmen CO2OL auf seiner Website einen CO_2-Rechner installiert, was ein weiterer Hinweis auf den Wandel in der Branche ist. (vgl. Link GCB CO_2-Rechner)

2.9 Green Washing

Um eine Veranstaltung glaubwürdig als Green Event darzustellen und als solches zu bewerben, ist – ungeachtet der Möglichkeit einer Zertifizierung – ein ganzheitliches Konzept über alle Teilbereiche eines Events empfehlenswert. Wer seine Veranstaltung als grün bezeichnet, jedoch wesentliche Aspekte nicht adressiert, was als Green Washing bezeichnet wird, dreht eine positive Imagepflege schnell ins Gegenteil um. (vgl. Weinhäupl & Zagel, 2011, S. 7)

Der Megatrend Neo-Ökologie verschiebt die Koordinaten des Wirtschaftssystems in Richtung einer neuen Businessmoral im Sinne von Umweltschutz, Ressourcenschonung, CO_2-Einsparung und Corporate Social Responsibility. Die Menschen werden aufmerksamer, wenn es darum geht, den Planeten zu schützen, und erkennen, dass es nur diesen einen Planeten gibt, den es zu schützen gilt. Dabei ist die Zeit des Green Washing endgültig vorbei. Wer nur so tut als ob, wird enttarnt. Wer echtes Engagement durch Schein ersetzt, zerstört die Zukunft nachhaltig. (vgl. Zukunftsinstitut, 2011, S. 75)

2.10 Die Entwicklung von Green Events

2.10.1 Die Ursprünge

Wie im Punkt 2.2 erwähnt lässt sich der Ursprung des Green Event Management auf den internationalen Umweltgipfel von Rio de Janeiro 1992 und die Agenda 21 zurückführen. Es brauchte den völkerpolitischen Anstoß und dann eine gewisse Zeit bis es in der österreichischen Politik tatkräftig umgesetzt wurde: Im ersten Halbjahr 2006 hatte Österreich den Vorsitz in der Europäischen Union, der eine große Verantwortung unter anderem im Bereich von Veranstaltungen, Sitzungen und Konferenzen mit sich brachte. Die österreichische EU-Präsidentschaft hat sich schließlich ein Motto zum Ziel gesetzt: „Greening the

Austrian EU Presidency 2006 – Greening Events." Damit sollten alle Präsident-schaftsveranstaltungen möglichst umweltgerecht und nachhaltig ausgerichtet werden. (vgl. Link Green Events Austria)

2008 zog die EURO - die Fußball-Europa-Meisterschaft - ins Land. In einer Austragungskooperation mit der Schweiz wurde dieses Großevent das erste Fußball-Großereignis mit einem umfangreichen Nachhaltigkeitskonzept. Das Lebensministerium beschloss unter dem Leitsatz „Umwelt am Ball" 60 Maß-nahmen für Umwelt, Wirtschaft und Soziales. Beispielhaft sind die ökologischen Erfolge bei der Lenkung der Besucherströme auf öffentliche Verkehrsmittel, bei der Barrierefreiheit, bei der Versorgung der Stadien mit Ökostrom und im Ab-fallmanagement durch den Einsatz von Mehrwegbechern und konsequentes PET-Recycling. Zahlreiche Projekte zur Fanbetreuung, Anti-Rassismus-Initiativen und Kulturprogramme rundeten das Rahmenprogramm ab. (vgl. Link Green Events Austria)

Als weiteres Paradebeispiel sei das jährliche Europäische Forum Alpbach ge-nannt. Es wurde 2010 als erstes Green Meeting nach dem Österreichischen Umweltzeichen organisiert. Alpbach in Tirol ist seit mehr als sechs Jahrzehnten gleichbedeutend mit intellektuellem Fortschritt und internationalem Austausch und ein gefragter Kongressstandort. Der Verein Europäisches Forum Alpbach und das Congress Centrum Alpbach haben sich entschlossen, das Europäische Forum Alpbach zu einer nach Prinzipien des Umweltschutzes und der Nachhal-tigkeit organisierten Tagung zu machen. (vgl. Link Green Events Austria)

In der Wiener Kongressszene war eine der ersten mit dem Österreichischen Umweltzeichen ausgerichteten Green Meetings die Access 2010. Bereits zum siebten Mal präsentierte sie sich als Business-, Networking- und Wissensplatt-form der österreichischen Kongressbranche im exklusiven Ambiente der Hof-burg. Bis zu 2.000 internationale Fachbesucher aus 15 Nationen trafen auf 210 österreichische Aussteller aus allen Bereichen der heimischen Tagungswirt-schaft, die ihr Produkt- und Leistungsportfolio präsentierten. (vgl. Link Green Events Austria)

2.10.2 Die aktuelle Lage

Im Jahr 2014 haben in Österreich 46 Unternehmen die Lizenz, Green Meetings & Green Events zu zertifizieren. Bis Ende 2013 wurden 123 Green Meetings & Events mit 191.703 Teilnehmern abgehalten. Seit heuer gibt es auch neben dem Umweltzeichen für Tourismusbetriebe eine Zertifizierung für Green Locations, mit der sich die Veranstaltungsorte selbst zertifizieren lassen können. Damit ausgezeichnet wurden bisher Österreichs größtes Konferenzzentrum, das Austria Center Vienna, sowie das Studio44 der Österreichischen Lotterien in Wien. (vgl. Link Wirtschaftsblatt - Branchenreport, 2014)

Es werden in der Folge fünf Projekte umrissen, die die jüngste Breite des Nachhaltigkeitsinteresses in der Veranstaltungsbranche darstellen:

Als erstes Beispiel sei der Internationale SoPro Kongress in Wien vom 3.-4. Juni 2014 genannt. Ziel der Sozialökologischen Produktion (SoPro) ist es, durch neue Formen regionalen und nachhaltigen Wirtschaftens mit sozialem Mehrwert, gesellschaftliche und wirtschaftliche Veränderungen gemeinsam positiv zu gestalten. (vgl. Link Nachhaltigkeit.at)

Auf der greenEXPO14 vom 22.-24. Mai 2014 widmete sich die Messe Wien drei Tage lang ganz dem Thema Nachhaltigkeit in allen erdenklichen Bereichen: der Bogen spannt sich von Umwelttechnologien über Fahrzeuge, Mobilität allgemein bis hin zu Wohnen, Bekleidung, Urlaub, grüne Jobs und Ernährung. (vgl. Link Bio-Austria)

Die Green Events Niederösterreich Konferenz am 29. April 2014 in St. Pölten ist ein nächstes Exempel: das Österreichische Ökologie Institut stellte Themen wie Abfallvermeidung und -trennung bei Kultur- und Sportveranstaltungen und regionale Green-Event-Initiativen vor. (vgl. Link Green Events NÖ)

Der Umweltpreis der Stadt Wien vom 18. März 2014 ist ein weiteres Beispiel. Umweltstadträtin Ulli Sima ist von den kreativen Ansätzen und der Ideenvielfalt der diesjährigen Gewinnerprojekte begeistert. „Umweltschutz macht erfinde-

risch und weckt Innovationsfreude", ist sie überzeugt. Und Bundesminister Andrä Rupprechter betont: „Unternehmerinnen und Unternehmer, die mit grünen Ideen unsere Lebensgrundlagen bewahren, schaffen Beschäftigung und stärken den Wirtschaftsstandort für ein lebenswertes Österreich".
(Link Umweltpreis)

Als letztes Beispiel sei hier der Sustainable Entrepreneurship Award genannt, kurz SEA. Seit 2012 findet der erste internationale Preis für Nachhaltiges Wirtschaften jährlich in Wien statt. 2013 waren zwei der InterviewpartnerInnen des Empirieteils als mitorganisierende Agenturen in der Hofburg dabei und sprechen im Interview über ihre Erfahrungen. Der SEA ist mehr als nur ein Nachhaltigkeitsaward. Vielmehr geht es darum, eine Lifestyle-Revolution auszulösen und Sustainable Entrepreneurship als das Wirtschaftsmodell der Zukunft zu etablieren. Der SEA würdigt Unternehmen die zum Wohle von Gesellschaft, Wirtschaft und Umwelt agieren - im Einklang mit ihren unternehmerischen Interessen. (vgl. Link Sustainable Entrepreneurship Award)

2.10.3 Die Trendbeurteilung

Vom Lebensministerium wurde folgende Trendbeurteilung abgegeben: Die Auswirkungen der 2008 ausgebrochenen Wirtschafts- und Finanzkrise sind zu erkennen. Ihre unmittelbaren Folgen sind überwunden, sie hat jedoch in vielen Bereichen das Wachstum gedämpft. Im Vergleich mit anderen europäischen Staaten hat Österreich diese schwierige Phase gut bewältigt. Bei vielen dem sozialen Bereich zuzurechnenden Themen ist eine positive Entwicklung festzustellen: bei der Lebenserwartung in guter Gesundheit, im Bildungsbereich sowie bei Ausgaben für Forschung. (vgl. Link Lebensministerium, 2013, S. 29)

In einigen Bereichen ist es bisher nicht gelungen, die Trends zu brechen, wie beim Ressourcenverbrauch, der Flächenversiegelung oder den Emissionen von Treibhausgasen, deren Steigen durch die Wirtschaftskrise nur vorübergehend gedämpft wurde. Zur Erreichung der dafür festgelegten Ziele sind noch zusätzliche Anstrengungen erforderlich. (Link Lebensministerium, 2013, S. 30)

2.11 Zielsetzungen

Events der Zukunft brauchen neue Strategien und Visionen. Dabei können Events zu langfristigen, nachhaltigen Veränderungen beitragen, denn Visionen können durch die Euphorie der Events Wirklichkeit werden. Events sollen als Werkzeug für die Realisierung von Visionen einer Gesellschaft, die sich auf die Zukunft vorbereiten will, gesehen werden. Auch kleine Events mit starken Visionen berühren die Menschen. Außerdem hat die Nachhaltigkeitsorientierung der Menschen in den vergangenen Jahren zu einem tief greifenden Wandel geführt hat: alternative Energieformen werden forciert, regionale, Fairtrade- und Bio-Produkte setzen sich in allen Produktbereichen durch und Umweltschutz, faire Arbeitsbedingungen, Korruptionsbekämpfung und Chancengleichheit rücken immer weiter ins Zentrum der Aufmerksamkeit. (vgl. Zukunftsinstitut Österreich, 2011, S. 63f.)

Bislang haben größtenteils Kosten- und Marketingfaktoren als treibende Firmenstrategien die Oberhand behalten, was als eine durchaus vernünftige Geschäftspraxis erscheint. Doch schon in naher Zukunft wird es für jedes Unternehmen riskant sein, die ökologische Markttransparenz nicht zu berücksichtigen. Und was für viele Führungskräfte vielleicht noch mehr zählt ist: Strategisch denkende UnternehmerInnen werden die neuen Geschäftschancen erkennen, die sich durch genau diese neue Transparenz eröffnen. (vgl. Goleman, 2009, S. 222)

Goleman betrachtet auch die Evolution des menschlichen Gehirns mit großem Abstand und beschreibt die Problematik des kurzfristigen und langfristigen Denkens wie folgt:

„Unser Gehirn ist hervorragend darauf eingerichtet, ein bestimmtes Gefahrenspektrum zu erkennen und unmittelbar darauf zu reagieren. Hingegen wurde unser Gehirn im Lauf der evolutionären Entwicklung nicht mit der Fähigkeit ausgestattet, weniger greifbare Bedrohungen wie die Erderwärmung, das heimtückische Eindringen zerstörerischer chemischer Teilchen in der Luft, die wir atmen, und in die Dinge, die wir essen, oder die unvermeidliche Vernichtung großer Teile der Flora und Fauna unmittelbar zu erkennen. Wenn das finstere Gesicht eines Fremden vor uns auftaucht, machen wir auf der Stelle kehrt, doch angesichts der Erderwärmung zucken wir nur mit den Schultern." (Goleman, 2009, S. 40)

Das Zukunftsinstitut beschreibt im Kapitel „Ohne Grün keine Zukunft für Events", wie das Business-as-usual oder nur oberflächliches Green Washing mittelfristig bedeutet, dass Unternehmen auf der Strecke bleiben werden. Die KonsumentInnen möchten sich nicht mit dem Verfall unseres Planeten abfinden. Zugleich besitzt der Alltag eine immens normative Kraft. Das bedeutet, auch wenn die Menschen ein Bewusstsein für die Veränderungen auf unserem Planeten entwickelt haben, kommt es nicht unmittelbar zu einer entsprechenden Verhaltensänderung. Dennoch liegen darin aber auch große Chancen und das Verlangen nach gutem Gewissen wird zum Eventmotor der Zukunft.
(vgl. Zukunftsinstitut Österreich, 2011, S. 76)

Neumann sagt zu Wertewandel und Konsumverhalten Folgendes:
„Im Zuge der Veränderung unserer Gesellschaft sucht jeder Mensch nach seiner individuellen Verwirklichung. Diese auch als emotionale Individualität bezeichnete Freiheit spiegelt sich in allen Lebensbereichen wider. In diesem Zusammenhang wird oft auch von einem Wertewandel gesprochen, der sich beispielsweise durch eine erhöhte Fitness-Orientierung, immer stärker praktizierten Umweltschutz und in der Art des Konsums von Produkten und Dienstleistungen drückt." (Neumann, 2006, S. 42)

Eine Auflistung zu den Future Facts 2020 - erstellt vom Zukunftsinstitut im Handbuch für das neue Zeitalter der Eventbranche - möchte der Autor nicht vorenthalten:

Future Facts 2020:

- 10 % der Eventteilnehmer werden mit Elektrofahrzeugen anreisen
- nicht nachhaltige Events werden mit einer Ökosteuer belegt
- unökologische Give-Aways werden von den Teilnehmern boykottiert
- Menschen werden ihre Zeit lieber in der Natur als auf Events verbringen
- Der grüne Löwe von Cannes wird die begehrteste Auszeichnung in der Eventszene sein.

(Zukunftsinstitut Österreich, 2011, S. 84)

2.12 Zusammenfassung

Bei der Zerlegung des englischen Terminus Corporate Green Event in seine Bestandteile ergibt sich eine Veranstaltung eines Unternehmens mit Nachhaltigkeitsimplementierung. Diese Art von Event blickt auf eine kurze Vergangenheit zurück: der Begriff wurde auf internationaler Ebene 1992 zum ersten Mal bei der Konferenz der Vereinten Nationen für Umwelt und Entwicklung in Rio de Janeiro im Rahmen der Agenda 21 schriftlich niedergelegt. (vgl. Schreiber, 2012, S. 187)

In Österreich wurde das Programm der Vernetzung von ökonomischen, ökologischen und sozio-kulturellen Faktoren bei Events 2006 erstmals thematisiert und im Zuge des EU-Vorsitzes bei der Ausrichtung aller Präsidentschaftsveranstaltungen angewandt. (vgl. Link Green Events Austria)

Um einen Standard im Konferenzbereich zu bieten und Green Washing a priori zu vermeiden, wurde das Österreichische Umweltzeichen für Green Meetings

2009 entwickelt und 2012 um Green Events erweitert. Für Unternehmen, die Themen wie Nachhaltigkeit, Corporate Social Responsibility und Klima- und Ressourcenschonung zum Anliegen haben, bietet sich seither die Möglichkeit, ihre Firmenveranstaltungen als Green Event zertifizieren zu lassen. Die schnell steigende Anzahl der nachhaltigen Events und der LizenznehmerInnen unter den Eventagenturen zeigen das Interesse und den neuen Trend in der Eventbranche.

Die folgende Forschung beschäftigt sich nun damit, welches Potenzial Green Events für Eventagenturen und VeranstalterInnen im Vergleich zu anderen haben. Aufgrund der noch jungen Geschichte hält sich das Angebot an gedruckter Literatur und wissenschaftlichen Abhandlungen zu nachhaltigen Events von Firmen in Grenzen. Fachmagazine und Internetquellen unterstützen das Forschen in dem Bereich und ExpertInneninterviews geben einen Einblick in die aktuelle Lage. Und in der Aktualität gibt es ein reges Treiben rund um Corporate Green Events, das auf eine nachhaltigere Zukunft abzielt.

„Dreifach ist der Schritt der Zeit:

Zögernd kommt die Zukunft hergezogen,

pfeilschnell ist das Jetzt verflogen,

ewig still steht die Vergangenheit."

(Schiller, 1879, S. 236)

3 UNTERSUCHUNG – EMPIRISCHER TEIL

„Mit qualitativen Analysemethoden werden Fragestellungen bearbeitet, die eher komplexe Abläufe, soziale Phänomene und Bedeutungskonstruktionen zum Thema haben." (Dresing & Pehl, 2013, S. 5)

Die vorliegende MasterThesis untersucht das Potenzial von nachhaltigen Firmenevents, beleuchtet dabei die vorhandenen Mittel und Möglichkeiten, erforscht unausgeschöpfte Energien in dem Bereich und stellt alles aus zwei Organisationsperspektiven einander gegenüber. Die Forschungsfrage lautet: Welches Potenzial haben Green Events für Eventagenturen und VeranstalterInnen im Vergleich zu anderen?

Der Autor entschied sich für die qualitative Untersuchung zu diesem Thema, mit ExpertInneninterviews und anschließender Inhaltsanalyse nach Mayring, da es mehr um die Bedeutung, um Potenziale und um persönliche Erkenntnisse der VeranstalterInnen und Eventagenturen als um die Fakten und Statistiken gehen sollte. Vielfältige Facetten konnten in den Interviews aufgefasst und individuell besprochen und danach analysiert werden. Die qualitative Forschung erwies sich für diese Problem- und Fragestellung als geeignet.

Hier finden sich die fünf Postulate, die Mayring ganz allgemein als das Grundgerüst qualitativen Denkens und Forschens erkennt, folgenderweise zusammengefasst:

> „Fünf solcher Grundsätze möchte ich nun hervorheben: die Forderung stärkerer Subjektbezogenheit der Forschung, die Betonung der Deskription und der Interpretation der Forschungssubjekte, die Forderung, die Subjekte auch in ihrer natürlichen, alltäglichen Umgebung (statt im Labor) zu untersuchen, und schließlich die Auffassung von der Generalisierung der Ergebnisse als Verallgemeinerungsprozess." (Mayring, 2002, S. 19)

3.1 Darstellung Ansatz und Methode

Als Erhebungsmethode wurde die qualitative Expertenbefragung gewählt, bei welcher neun problemzentrierte Einzelinterviews nach einem theoriegestützten Interviewleitfaden durchgeführt wurden. Für die Auswertung des Interviewmaterials wurde dann die qualitative Inhaltsanalyse nach Mayring eingesetzt.

Bei einem problemzentrierten Interview geht es um eine offene, halbstrukturierte Befragung, bei der die Interviewten frei antworten und formulieren können, was ihnen zum Thema bedeutsam ist. Im Zentrum steht eine bestimmte Problemstellung, die der Interviewer einführt und immer wieder im Gesprächsverlauf anspricht. Dazu hat der Interviewer vorab einen Leitfaden zu den bestimmten Aspekten und Fragen erarbeitet. (vgl. Mayring, 2002, S. 67)

Da mündliche Aussagen flüchtig sind und die Erinnerung an Gespräche oft lückenhaft ist, werden die einzelnen Interviews aufgezeichnet und danach transkribiert. Ziel einer Transkription ist es, diese Flüchtigkeit zu überwinden und der Erinnerung eine gute Stütze zu sein. In einem Transkript wird Gesprochenes schriftlich festgehalten und für die anschließende Analyse zugänglich gemacht. (vgl. Drehsing & Pehl, 2013, S. 16)

Anschließend kommt es zur qualitativen Inhaltsanalyse des Interviewmaterials, die nach Mayring auf vier Grundsätzen basiert:

1) Es ist systematisches Vorgehen für die Auswertung des Materials notwendig.
2) Das Material wird nicht isoliert sondern als Teil einer Kommunikationskette verstanden.
3) Die Anwendung eines Systems von Kategorien ist Zentrum der Analyse.
4) Die Methode muss sich anhand von Gütekriterien überprüfen lassen.

(vgl. Mayring, 2008, S. 27)

Die Grundlagen zur Entwicklung einer qualitativen Inhaltsanalyse definiert Mayring anhand folgender zentraler Punkte (2008, S. 28):

1) Bei jeder qualitativen Inhaltsanalyse muss eine genaue Quellenkunde stehen. Das Material muss auf seine Entstehungsbedingungen hin untersucht werden.

2) Das Material kann nie vorbehaltslos untersucht werden. Der Inhaltsanalytiker muss sein Vorverständnis explizit darlegen. Die Fragestellungen, die theoretischen Hintergründe und implizierte Vorannahmen müssen ausformuliert werden.

3) Und qualitative Inhaltsanalyse ist immer ein Verstehensprozess von vielschichtigen Sinnstrukturen im Material. Die Analyse darf bei einem manifesten Oberflächeninhalt nicht stehen bleiben, sie muss auch auf latente Sinngehalte eingehen. (Mayring, 2008, S. 28)

Es müssen also die Quellen, die Entstehungsbedingungen, das Vorverständnis und die Vorannahmen dargelegt werden und die manifesten wie latenten Sinnstrukturen beachtet werden. Die Stärke der Inhaltsanalyse liegt nun darin, dass sie das Material schrittweise und streng methodisch kontrolliert analysiert. Die Inhaltsanalyse zerlegt dabei das Material in Einheiten, die nacheinander abgearbeitet und in ein theoriegeleitetes Kategoriesystem gebracht werden. In diesen Kategorien werden diejenigen Aspekte festgelegt, die aus dem gesamten Material herausgefiltert werden sollen. (vgl. Mayring, 2002, S. 114)

Weiter sind aus dem Bereich der qualitativen Sozialforschung einige Grundsätze wichtig, die Mayring für die Entwicklung einer qualitativen Inhaltsanalyse entscheidend sind:

- Die wissenschaftliche Orientierung am Alltag unter natürlichen Bedingungen ablaufenden Prozessen des Denkens, Fühlens und Handelns. Die qualitative Inhaltsanalyse knüpft an alltägliche Prozesse des Verstehens und Interpretierens sprachlichen Materials bei methodischem Vorgehen.

- Ein Ansatz der Analyse muss die Übernahme der Perspektive des anderen, also des Textproduzenten sein, wobei das eigene Vorverständnis zurückgestellt werden muss.
- Eine Interpretation des Materials ist immer prinzipiell unabgeschlossen. Sie birgt immer die Möglichkeit der Re-Interpretation.

(vgl. Mayring, 2008, S. 33f.)

3.2 Aktueller Forschungsstand

Im deutschsprachigen Raum sind nur wenige Fachbücher zum Thema Green Events zu finden. Es gibt zwar viele literarische Werke, die sich mit den drei Prinzipien der Nachhaltigkeit, mit Corporate Social Responsibility und mit Eventmanagement und Special Events beschäftigen, nur für diese sehr junge Disziplin der Corporate Green Events ist wenig Gedrucktes erhältlich.

Fachmagazine, das Lebensministerium, die Wirtschaftskammern und Internetportale liefern dafür aktuelle Informationen zu Nachhaltigkeits-Event-Themen, von denen die relevanten im Literaturverzeichnis unter den Internetquellen aufscheinen.

Ein stetig wachsendes Interesse zum Forschungsgebiet der nachhaltigen Events zeigt auch die steigende Anzahl an Bachelor- und Masterarbeiten in dem Bereich. Einige Universitäten, wie die Universität Salzburg, haben sogar Green-Meeting-Beauftragte in ihren Reihen.
(vgl. Weinhäupl & Zagel, 2011, S. 10)

Der empirische Teil der vorliegenden MasterThesis widmet sich speziell den Erfahrungen, Erkenntnissen und Erwartungen der VeranstalterInnen und Eventagenturen und erforscht in neun Kategorien das verborgene Potenzial.

3.3 Leitfadeninterview

Der Begriff des Leitfadeninterviews ist ein Oberbegriff für eine gewisse Art der Interviewführung. Bei der offenen Variante entscheidet der/die Befragte, wann welcher Aspekt angesprochen wird, die interviewende Person achtet lediglich darauf, dass alle Themen im Interview behandelt werden. Die Fragen sollen immer erzählgenerierend und hörerorientiert sein.

Laut Gläser & Laudel empfiehlt sich diese Form der Interviews immer dann, „wenn in einem Interview mehrere unterschiedliche Themen behandelt werden müssen, die durch das Ziel der Untersuchung und nicht durch die Antworten des Interviewpartners bestimmt werden, und wenn im Interview auch einzelne, genau bestimmbare Informationen erhoben werden müssen." (Gläser & Laudel, 2010, S. 111)

Für die Beantwortung der Forschungsfrage bot sich die offene Art des Leitfadeninterviews an, da sich in dieser auch Raum für vielfältige Antwortmöglichkeiten fand. In der Planungs- und Vorbereitungsphase der Interviews wurden erste grobe Fragen formuliert und dabei der Fokus weiter eingeschränkt um in der späteren Analyse zumindest eine vage Vergleichbarkeit zu bieten.

Nach einem ersten Überblick zu dem Thema und anschließender intensiver Literaturrecherche wurden die folgenden Fragen festgelegt:

Wer war der/die EntscheidungsträgerIn für den Green Event?

Welche waren die wichtigsten Beweggründe dazu?

Was sollte bei der Veranstaltung generell an das Publikum kommuniziert werden?

Wie weit ist Corporate Social Responsibility im Firmenleitbild verankert?

Woher genau wussten Sie wie ein Event grün umzusetzen ist?

Was macht einen Green Event im Vergleich zu anderen außergewöhnlicher?

Welche allgemeinen Vorteile gibt es dabei Ihrer Ansicht nach?

Welche allgemeinen Nachteile gibt es?

Wie war Ihr persönliches Erlebnis als OrganisatorIn eines Green Events?

Welche Erkenntnisse wurden aus dem TeilnehmerInnen-Feedback gezogen?

Wurde eine CO_2-Bilanz zur Veranstaltung erstellt und wenn ja, was ergab sie?

Wird es bei der nächsten Veranstaltung eine Wiederholung als Green Event oder eine andere Eventart geben?

Wie ist die Perspektive 2024 für Green Events aus Ihrer Sicht?

Die ursprünglich geplanten Kategorien bildeten somit die Grundlage für die einzelnen Fragen des Leitfadens. Im Nachhinein stellte sich nach Analyse der Interviews allerdings heraus, dass die Kategorien etwas abgeändert und verfeinert werden sollten (mehr dazu unter Punkt 4.1).

3.4 InterviewpartnerInnen

Der Autor suchte InterviewpartnerInnen sowohl aus dem Veranstalterbereich als auch aus dem Agenturbereich mit und ohne bereits realisierten Umweltzeichen-zertifizierten Events und passte die Leitfadenfragen dementsprechend an.

Ein Mix aus drei veranstaltenden Unternehmen, von denen zwei Green Events erst planen und eines bereits welche durchführte, aus vier Agenturen, von denen zwei Umweltzeichen-Lizenznehmerinnen sind und zwei Green-Events mitorganisierten und einem Catering- und Locationbetreiber ergab sich. Ein neuntes, abschließendes Interview wurde mit dem Umweltzeichenberater des Österreichischen Ökologie Instituts geführt, um die aus den acht Interviews mit den EventmanagerInnen gewonnenen Erkenntnisse zu diskutieren.

Interviewpartner A:

A ist Eventmanager in einem Unternehmen, das mit einem Anlagevermögen von rund neun Milliarden Euro der größte Immobilieneigentümer Österreichs ist. Vorrangig kümmert sich das Unternehmen als Dienstleister für die Republik Österreich um die langfristige Bewirtschaftung und Verwaltung von rund 2.800 Objekten. Auftrag des Konzerns ist es, den Immobilienbestand nachhaltig zu bewirtschaften. Neben der Architektur nehmen Themen wie Klimaschutz, Kunst und Design sowie soziale Aspekte einen wichtigen Stellenwert ein, was auch bei den Events, die das Unternehmen veranstaltet, kommuniziert wird.

Interviewpartner B:

B ist leitender Eventmanager bei einer Tochtergesellschaft des Österreichischen Rundfunks und als solcher Veranstalter von Wettbewerben in der Kommunikationsbranche und von ORF-Business-Events. Bis 2014 wurde noch keine dieser Veranstaltungen mit dem Umweltzeichen zertifiziert, es liegt aber bereits Information zum Thema Green Events in der Eventmanagementabteilung auf.

Interviewpartner C:

C ist Geschäftsführender Gesellschafter eines Wiener Produktionsbüros für Events, PR, Werbung und Medien, Veranstalter des jährlichen Rosenballs im Palais Auersperg und im Jahr 2013 Mitorganisator des SEA, des Sustainable Entrepreneurship Awards in der Hofburg Wien. Schon über 20 Jahre lang beschäftigen sich MitarbeiterInnen der Agentur damit, Firmen und Marken in ein positives Licht zu rücken.

Interviewpartner D:

D ist leitender Eventmanager der Arbeiterkammer Niederösterreich - AK NÖ - und in dieser Position Veranstalter zahlreicher Events im Firmen-, Vortrags-, Kabarett- und Konzertbereich. Aktiv durchgeführt hat D noch keinen Green-

Event, es gibt aber erste Informationsbeschaffung zu dem Thema. Die AK NÖ bietet in ihrem Service-Portfolio neben der Interessensvertretung Vortrags-, Diskussions- und Kulturveranstaltungen an.

Interviewpartnerin E:

E ist Projektleiterin und Green-Event-Beauftragte einer Wiener Marketing- und Kommunikationsagentur, die unter anderem seit zwei Jahren die zukunftsorientierten Talkrunden eines großen Telekommunikations-Unternehmens organisiert. Ihre Aufgabe ist es Veranstaltungen als Green Event vorzubereiten und mit dem Österreichischen Umweltzeichen zu zertifizieren. E nahm an mehreren Green-Event-Schulungen teil und organisierte die Inhouse-Zertifizierung der Agentur. Des Weiteren ist sie als Green-Event-Beauftragte aktive Teilnehmerin an den Gesprächen zur stetigen Verbesserung der Umweltzeichen-Richtlinien.

Interviewpartnerin F:

F ist Hospitality-Expertin und war als freie Projektleiterin für eine internationale Eventagentur mit Sitz in Wien im Jahr 2013 Mitorganisatorin des Sustainable Entrepreneurship Awards in der Hofburg Wien. Die Agentur hat sich mit weltweiten Partnerunternehmen ein dichtes Netzwerk auf allen Kontinenten aufgebaut und ist in Österreich Mitglied bei Verbänden wie dem „pma" (Projektmanagement Zertifizierungsverband) und dem „emba" (Austrian Event Marketing Board), ist WKO/TÜV-zertifiziert und des weiteren Zertifizierungsstelle für das Österreichische Umweltzeichen für Green Meetings & Events.

Interviewpartner G:

G ist Locationmanager einer Veranstaltungsstätte in Wien und Eventmanager eines Cateringunternehmens mit demselben Standort. Als Location und Cateringfirma sind die beiden Unternehmen keine Lizenznehmer des Österreichischen Umweltzeichens. Das Unternehmen realisiert in den eigenen Veranstaltungssälen Firmenfeiern, Präsentationen, Messen, Bälle und Hochzeiten.

Interviewpartner H:

H ist Geschäftsführer einer Marketing- und Kommunikationsagentur, die seit 20 Jahren Strategie, Design, Publishing und Events auf internationalem Top-Niveau durchführt. Der Arbeit für einige der landesweit bekannten Organisationen, öffentliche Institutionen und Unternehmen verdankt die Agentur ihr breites, interdisziplinäres Know-how. Das Kerngeschäft zur Gründungszeit lag im Bereich der NGOs und des Umweltmanagements, was weiterhin als Teil der Agenturarbeit verfolgt wird.

Interviewpartner J (Anm.: das auf H folgende I wurde für den Interviewpartner ausgelassen, da es für den interviewenden Autor I steht):

J ist Senior Consultant des Österreichischen Ökologie Instituts sowie Partner einer Gesellschaft für Sustainable Consulting in Wien. Schon in der ersten Stunde von Green Meetings und Green Events war er zuständig für Pilotevents in dem Bereich und ist seither ein sehr praxisnaher Mitschaffender der Umweltzeichen-Richtlinien und -Novellierungen und schult LizenznehmerInnen. Außerdem lehrt er an diversen Hochschulen und in postgradualen Ausbildungsprogrammen zu dem Thema.

3.5 Durchführung der Interviews

Im Zeitraum Ende Mai bis Mitte August 2014 organisierte der Autor neun Face-to-Face-Interviews, die jeweils in den Büroräumlichkeiten des/der Interviewten in Wien stattfanden und knapp 60 Minuten in Anspruch nahmen.

Nach einem Testinterview und einer Probeaufnahme mit einer Studienkollegin wurde folgender Interviewablauf für die ExpertInneninterviews festgelegt:

1) Vorstellung des Interviewers und des Studienlehrganges Eventmanagement & Eventmarketing des Institutes ARGE Bildungsmanagement der Sigmund Freud PrivatUniversität
2) Vorstellung der/des Interviewten (aus Anonymitätsgründen wurde dieser Teil nicht aufgezeichnet)
3) Beginn der Audioaufnahme mit einer einfachen, auflockernden Eröffnungsfrage
4) Fragen gemäß Interviewleitfaden (wobei der Interviewer die Reihenfolge der Abfragen dem laufenden Gespräch anpasste und Vertiefungsfragen neu entstandener, interessanter Themen hinzufügte)
5) Offene Schlussfrage zur Zukunftsprognose für Green Events und Aufnahmestopp
6) Kurze Nachbesprechung und Verabschiedung (wobei auch hier aus Anonymitätsgründen handschriftliche Aufzeichnungen eine Audioaufnahme ersetzten).

Ein Clipboard, den Leitfaden, Papier und Stift hatte der Interviewer bei jedem Termin mit dabei; das Aufnahmegerät, ein Smart-Phone der Marke Apple, wurde dezent seitlich am Tisch positioniert und lieferte die Audioaufzeichnungen im Format .m4a.

Es wurden weder Ja-/Nein-Fragen noch geschlossene oder wertende Fragen gestellt sondern nur kurze, textgenerierende Fragen. Vor der offenen Schlussfrage kam auch eine provokative zum Thema CO_2-Bilanzierung/Kompensierung zum Einsatz.

Im gesamten Gesprächsverlauf herrschte monologes Rederecht für den/die InterviewpartnerIn.

3.6 Inhaltsanalyse und Auswertung der Daten

Vereinfacht gesagt beinhalten die meisten qualitativen Forschungsprojekte fünf Arbeitsschritte im Auswertungsprozess in jeweils unterschiedlicher Gewichtung und Ausdifferenzierung:

- Abtippen
- Lesen und Entdecken
- Strukturieren
- Zusammenfassen
- Reflexion und Theorieentwicklung. (Drehsing & Pehl, 2013, S. 35)

In vorliegender Untersuchung wurde das Material systematisch ausgewertet und die Form der zusammenfassenden Inhaltsanalyse nach Mayring gewählt (vgl. Mayring, 2008, S. 59).

Das aufgezeichnete Material wurde vollständig transkribiert und die einzelnen Zeilen fortlaufend nummeriert. Die Transkription, die tabellarische Inhaltsanalyse und sämtliche Audiodateien der Interviews liegen aufgrund des Umfanges separat beim Autor auf und können jederzeit nachgereicht werden.

Der Grundgedanke einer wörtlichen Transkription ist eine vollständige Textfassung verbal erhobenen Materials herzustellen, was die Basis für eine ausführliche interpretative Auswertung bietet. (Mayring, 2002, S. 89)

In der Transkription werden wichtige Informationen auch kommentiert, sprich durch Sonderzeichen werden die Auffälligkeiten der Sprache, wie Betonungen, Pausen, Lachen etc. vermerkt. (vgl. Mayring, 2002, S. 92)

Drehsing und Pehl erkennen die Analyse im etymologischen Wortsinn als „Auflösen eines Gegenstands in seine Einzelbestandteile" (Drehsing & Pehl, 2013, S. 40). Danach geht es darum, die Einzelteile miteinander in Beziehung zu setzen und zu vergleichen. Hierbei kann es sich um Beziehungen handeln, die von der Forschungsfrage vorgegeben werden, oder auch ganz neu entdeckte Zusammenhänge, die im Analyseprozess als Hypothese aufgefallen sind und nun am kompletten Material belegt werden können bzw. müssen. (vgl. Drehsing & Pehl, 2013, S. 40)

Anschließend erfolgte die Paraphrasierung einzelner Aussagen, um inhaltliche Kernaussagen zu eruieren und das Material zu reduzieren. Das paraphrasierte Material wurde anschließend farblich gekennzeichnet und strukturiert, um die zu untersuchende Forschungsfrage zu beantworten. Die inhaltstragenden Antworten und Äußerungen wurden in paraphrasierter Form in eine Tabelle eingetragen. In diese Tabelle wurden Spalten für den jeweiligen Fall (Interview A-J) und die betreffenden Zeilennummern eingefügt.

Im nächsten Schritt wurde die Generalisierung der Paraphrasen unter dem Abstraktionsniveau vorgenommen. Schließlich folgte die Reduktion und Zusammenstellung der neuen Aussagen als Kategoriensystem.
(vgl. Mayring, 2008, S. 61)

Im Zuge der Untersuchung wurden mit Hilfe der zusammenfassenden Inhaltsanalyse Kategorien abgeleitet, die in der folgenden Auswertung bzw. Diskussion der Ergebnisse dargestellt und analysiert werden.

Aus den Kategorien wurden die neu entstandenen Kernthemen schlussendlich zu Hypothesen generiert, die elf an der Zahl ergaben und im Punkt 4.3 einzeln vorgestellt werden.

4 DISKUSSION DER ERGEBNISSE

4.1 Untersuchungsergebnisse

Die Antworten der InterviewpartnerInnen werden in den folgenden neun Kategorien gebündelt dargestellt und die aussagekräftigsten werden weiter unten beispielhaft direkt zitiert. Unter jedem Kategoriepunkt findet sich eine Zusammenfassung, die als Grundlage für die Hypothesenbildung diente.

4.1.1 EntscheidungsträgerInnen und Beweggründe

Es können zwar Vorschläge zur Ausrichtung eines Green Events aus der Event- oder CSR-Abteilung kommen, die Entscheidung dazu liegt aber in allen Fällen bei der Geschäftsführung bzw. dem Vorstand:

„Grundsätzlich ist es bei uns in der Firma so, dass wir uns von der Geschäftsführung her sehr viel mit dem Thema Nachhaltigkeit beschäftigen. Und daher hat man jetzt auch zum ersten Mal beschlossen, ein Green Event zu machen." (Interview A, Z. 17-20)

Stets bedarf es einer Führungsperson, der das Thema Nachhaltigkeit auf privater und professioneller Ebene wichtig ist: „Meiner Ansicht nach gibt es einen Treiber dahinter aus einer Fachabteilung oder einen Vorstandsdirektor, dem das einfach wichtig ist und der sagt: schaut, dass ihr das gut kommuniziert, dass wir imagemäßig auch was haben. Es gibt meistens irgendeine Person, der das wichtig ist." (Interview H, Z. 1095-1100)

Wenn es Unternehmen sind, die eine eigene Eventabteilung haben, dann hängt es an Personen in dieser Abteilung, das Thema Green Event aufzugreifen: „Wenn die mit dem Thema was anfangen können, zum Teil auch aus privaten Umweltbewusstsein heraus, dann greifen sie das Thema auf und verkaufen das auch in Richtung Management und Geschäftsführung so. Also es hängt schon sehr an Einzelpersonen." (Interview J, Z. 1285-1289)

Und dann gibt es Unternehmen, die ihre Nachhaltigkeitsstrategie haben und sich das an die Fahne schreiben. Den veranstaltenden Unternehmen geht es auch darum, den Event-TeilnehmerInnen ein nachhaltiges Wirtschaften und Umweltschützen bewusst zu zeigen und erleben zu lassen.

Des Weiteren wird das Image aufgewertet, vor allem bei Unternehmen, die umweltschädlich produzieren, wie Mineralölfirmen, Pharmakonzerne und Unternehmen, die auf der Watch-List der UmweltschützerInnen stehen. Diese Firmen werden alles mit Grün Verbundene aus Imagegründen erzählen:

„Das sind die, die tatsächlich ein Öko-Thema haben aufgrund ihrer Produktionsmethode oder ihrer Produkte. Die haben auch einen anderen Umgang damit und haben meistens eine ganz starke CSR-Abteilung, weil die permanent unter Beschuss stehen." (Interview H, Z. 1081-1085)

Es stellte sich unter VeranstalterInnen schnell heraus, dass die Tendenz zu Green Events dort sehr hoch ist, wo das Thema Nachhaltigkeit Teil des Firmenleitbilds ist. Wo dem nicht so ist, gibt es zwar Interesse dazu aber noch gewisse Skepsis.

Und wo das Thema Green im Fokus des Events steht wünschen die OrganisatorInnen eine Umweltzeichen-Zertifizierung: „Es war in der Ausschreibung des Kunden schon beschrieben, dass die Veranstaltung als Green Event zertifiziert wird, weil das Unternehmen selbst sehr viele Maßnahmen intern setzt. Und da war es ihnen wichtig, das nach außen hin zu präsentieren und ihre Veranstaltungen auch zertifizieren zu lassen." (Interview E, Z. 505-509)

Wenn es bei einer Gala um Nachhaltigkeit geht, wie im Falle des jährlich stattfindenden SEA, des Sustainable Entrepreneurship Awards, kann nur ein nachhaltiger Green Event gemacht werden: „Es ist eigentlich ein Muss, einen Green Event zu machen. Das war auch für dieses Jahr die Vorgabe." (Interview C, Z. 246-249)

Von der Eventagenturseite aus gesehen erreichen diese also immer mehr Ausschreibungen, wo die KundInnen dezidiert die Organisation ein Green Events fordern. Aber auch das grüne Deckmäntelchen, das Thema Green Washing wurde mehrfach angesprochen. Dort soll das Österreichische Umweltzeichen als Schutzmaßnahme und zur Gegensteuerung dienen.

Gewisse Großunternehmen und LieferantInnen mit umweltschädlichen Produkten beispielsweise bekommen dadurch einen Riegel vorgeschoben: „Einwegprodukte gibt es nicht mehr. Das heißt Red Bull und Zertifizierung geht nicht mehr, auch die Einwegflasche nicht mehr. Wir diskutieren da seit vier Jahren, und ich weiß, dass Veranstalter, die schon sensibilisiert sind, eigentlich sagen: na, wenn wir schon zertifizieren, dann passt uns das nicht. ... Es werden uns sicher Events ausfallen, aber soll sein!" (Interview J, Z. 1454-1459)

Zusammenfassung EntscheidungsträgerInnen und Beweggründe:

Die Entscheidung zu einem Green Event trifft die Geschäftsführung bzw. der Vorstand, wobei es an Einzelpersonen mit Nachhaltigkeitsinteresse liegt, dies vorzuschlagen und zu organisieren.

Wenn das Thema Nachhaltigkeit ein internes Anliegen des Unternehmens ist, setzt man auch bei den Veranstaltungen auf nachhaltige Abwicklung und Umweltzeichen-Zertifizierung.

Die Eventagenturen mit ausgeprägten Nachhaltigkeitsinteressen entscheiden sich für eine Umweltzeichen-Lizenzierung und bieten ihren Kunden nebst Eventmanagementservices die Zertifizierung ihrer Green Events an.

Allgemein erkennen alle Agenturen eine steigende Nachfrage kundenseits, unter anderem in den Ausschreibungen zu neuen nachhaltigen Veranstaltungen.

4.1.2 CSR und Kommunikation beim Event

Bei VeranstalterInnen, die Corporate-Social-Responsibility dezidiert im Unternehmensleitbild integriert haben, ist Nachhaltigkeit auch bei den eigenen Firmenevents ein Ziel, ebenso wie deren Kommunikation nach außen hin: „Unser Unternehmen hat sich zur Aufgabe genommen in Zukunft zum Thema Nachhaltigkeit als Vorreiter in der Immobilienbranche zu agieren." (Interview A, Z. 37-38)

Unter den interviewten VeranstalterInnen war auffällig, dass die, die sich zwar mit Green Events schon befasst aber noch keinen durchgeführt haben, CSR auch nicht im Firmenleitbild verankert haben. Es besteht also ein Zusammenhang zwischen dem Thema Green Event und den Themen Nachhaltigkeit, CSR und/oder Umweltmanagement. Wo nachhaltige Werte im Firmenleitbild integriert sind wird schneller ein Bezug zu Green Events hergestellt.

Auf der anderen Seite gibt es Unternehmen, die keine Nachhaltigkeitsstrategie haben und über das Eventmanagement merken, dass sie dieses Thema für den eigenen Betrieb aufnehmen sollten. „Es gibt also beide Fälle, es ist sehr branchenspezifisch." (Interview J, Z. 1315-1316)

Einstimmig meinten die Organisierenden, dass zwar immer das Thema der Veranstaltung im Mittelpunkt stand und nicht der Green Event als solcher, aber der Nachhaltigkeitsgedanke explizit erwähnt wurde:

„Also meiner Ansicht nach kann man immer nur das Thema in den Fokus stellen, und dass es sich um einen Green Event handelt ist eine Randnotiz, die das Ganze sympathischer macht." (Interview H, Z. 1061-1064)

Der Interviewpartner C erwähnte im Falle des Sustainable Entrepreneurship Awards, dass die Key Message die Nachhaltigkeit selbst war und dass die Welt mit all ihren Ressourcen an die nächsten Generationen zu übergeben ist. Bei diesem Green Event z. B. werden Dekorationsmaterialien mehrere Jahre lang genutzt und deren Notwendigkeit im Vorfeld bis ins Detail besprochen: „Es gab schon sehr viele Diskussionen, dass man eben nicht - wie bei vielen anderen Events - Berge an Müll hat, die dann weggeschmissen werden, oder Sachen produziert, die nur einmal gebraucht werden und dann irgendwo verschwinden." (Interview C, Z. 256-260)

Die Agenturen meinen in Bezug auf die Kommunikation bei Green Events, dass das Thema Nachhaltigkeit mit Ressourcen- und Umweltschonung direkt angesprochen wird, vor allem über die Bühnenmoderation und im Vorfeld über die Einladung mit Information zu umweltfreundlicher Anreise, des Weiteren über das regionale, saisonale Catering und eben die wiederverwendbaren Requisiten und Dekorationen, was einen erkennbaren Unterschied ausmacht: „Das ist dann immer noch so, dass es was Besonderes ist." (Interview G, Z. 901-902)

Ab dem Moment, wo es um eine Umweltzeichen-zertifizierte Veranstaltung geht, sind die VeranstalterInnen verpflichtet, die nachhaltige Eventabwicklung gegenüber den Gästen zu kommunizieren. In welcher Art und Weise das genau geschieht, obliegt den Organisierenden. „Ob das gut oder schlecht umgesetzt ist, ist eine andere Frage, aber an sich sind sie verpflichtet." (Interview J, Z. 1329-1330)

Zusammenfassung CSR und Kommunikation beim Event:

Bei VeranstalterInnen, die Corporate-Social-Responsibility und/oder Umweltstrategien im Unternehmensleitbild integriert haben, ist Nachhaltigkeit auch bei den eigenen Firmenevents ein Ziel, ebenso wie deren Kommunikation nach außen hin. Allgemein auffällig war, dass veranstaltende Unternehmen ohne CSR-Einbindung auch noch keine Green Events umgesetzt haben.

Auch die Agenturen, die Umweltzeichen-LizenznehmerInnen sind, haben CSR zum Bestandteil ihres Firmenleitbilds, andere nicht explizit. Was die Kommunikation des Themas Nachhaltigkeit am Event selbst betrifft geben Agenturen an, dass die Gäste über die Einladung, Anreise, Bühnenmoderation und das regionale Catering zu Umwelt- und Ressourcenschonung explizit informiert werden.

4.1.3 Vorbereitung und Informationsbeschaffung in der Praxis

Unter den VeranstalterInnen wurden folgende Informationsquellen zu Green Events genannt: in erster Linie das Internet (und dort vor allem die Umweltzeichen-Webseite) und zweitens das Erlernen in Fachausbildungen:

„Ich habe es im Studium gelernt und habe auch dort erstmals von Green Events erfahren. Und im Internet kann man sich mittlerweile auch sehr gut darüber informieren, was alles notwendig ist, um ein Event zum Green Event zu machen." (Interview D, Z. 438-440)

Als dritte Informationsquelle wird zugesandtes Material, wie das der Stadt Wien, genannt: „Also es gibt von der Stadt Wien ausgehend immer wieder Informationsmaterial, wie man Green Events auch als Tagesevents umsetzen kann." (Interview G, Z. 864-866)

Bei den Agenturen sind die Umweltzeichen-LizenznehmerInnen von anderen zu unterscheiden: erstere wickeln nach den Grundschulungen und der Inhouse-Zertifizierung die professionelle Planung und Umsetzung für die VeranstalterInnen ab, zweite betreiben intensive Eigenrecherche im Internet und holen sich vor allem bei der Erstabwicklung eines Green Events spezialisierte Berateragenturen zur Seite:

„Wir haben uns im Endeffekt die Kriterienliste angeschaut und hatten - nachdem es der erste Green Event war, den wir umgesetzt haben - eine Berateragentur. Und das war eine große Stütze, nachdem es auch für mich als Projektleiterin der erste Green Event war." (Interview F, Z. 685-688)

Die VeranstalterInnen wissen in vielen Fällen nicht, wie ein Green Event umzusetzen ist. Die Richtlinien des Österreichischen Umweltzeichens sind für diesen Bereich noch jung, erst seit 2012 gibt es sie. Die Agentur der Interviewpartnerin E hat sich entschlossen, Lizenznehmerin zu werden, damit sie Green Events zertifizieren kann, und E merkt an: „Man wächst bei der Zertifizierung mit jedem Event, es gibt immer neue Herausforderungen." (Interview E, Z. 542-549)

Es ist Beratungsaufgabe der lizenzierten Agenturen, die Thematik der nachhaltigen Eventabwicklung an die Veranstaltenden zu kommunizieren. Und die Grundbotschaft soll gemäß Interviewpartner J lauten, jede Veranstaltung soll zertifiziert werden. Es wird also nicht als Add-On sondern im Grundpaket angeboten und verkauft. Und das macht einen Unterschied in Richtung Kunden aus:

„Wenn du mit dem Veranstalter dreimal zusammen sitzt und dann erst sagst: und dann hätten wir noch, wir könnten doch auch, dann ist das eine ganz andere Botschaft, weil das Wir-könnten-doch-auch heißt, da müssen wir all das zusätzlich zu dem machen, was wir bis jetzt geredet haben. Und da ist das Pferd verkehrt aufgezäumt." (Interview J., Z. 1547-1552)

Zusammenfassung Vorbereitung und Informationsbeschaffung:

VeranstalterInnen nennen drei Informationsquellen zum Thema Green Event:

1) Internet
2) Fachkurse
3) öffentliches Informationsmaterial.

Und wenn sie ihren Firmenevent mit Umweltzeichen zertifizieren lassen wollen, holen sie sich lizenzierte Agenturen zur Planung und Umsetzung hinzu.

Agenturen mit Umweltzeichen-Lizenz machen Schulungen und Inhouse-Zertifizierungen und erhalten dadurch detaillierte Informationen, die sie als Berateragentur an Green-Event-VeranstalterInnen weitergeben.

Agenturen ohne Umweltzeichen-Lizenz betreiben viel Eigenrecherche im Internet und konsultieren Green-Event-Spezialisten, wenn sie für ihre AuftraggeberInnen nachhaltige Firmenevents organisieren.

4.1.4 Vorteile und Außergewöhnliches bei Green Events

Als Vorteile erkennen die VeranstalterInnen eine Aufwertung durch ein nachhaltiges Ambiente und Speisenangebot (saisonal, regional, Bio, Fairtrade) und die Umwelt- und Ressourcenschonung allgemein: „Wir schauen natürlich darauf, dass wir vor allem regionale Produkte verwenden, und Bio-Produkte, das wertet das Ganze schon sehr auf." (Interview A, Z. 101-103)

Interviewpartner B spricht vom selben Organisationsaufwand der Veranstaltenden in der Vorbereitung, es ergeben sich weder Vor- noch Nachteile bei der Planungsarbeit zu einem Green Event, es handelt sich nur um eine andere Art der Realisierung: „Die Arbeit an der Organisation einer Veranstaltung an sich würde es nicht beeinflussen, die Umsetzung mit Sicherheit." (Interview B, Z. 182-183)

Die Gäste mögen bei einem Green Event wenige Unterschiede bemerken, meint D - bis auf das Catering -, dennoch ist die Arbeit im Hintergrund eine andere: „Ich glaube, dass der Gast nicht soviel davon mitbekommt wie die Event-Ausführenden selbst. Weil der Gast kommt und bekommt sein Essen so wie bei jedem anderen Event auch. Nur was dahinter steckt ist anders." (Interview D, Z. 446-449)

Wo noch Unterschiede in der Wahrnehmung der Gäste entstehen ist bei der Einladung und der Mobilität, wie B feststellt: „In unserem Fall als B-2-B-Veranstalter würde der Gast wahrscheinlich wenig bis gar nichts merken außer wir sagen es ihm: hey, es gibt keine Printeinladung, weil wir auf den Druck der Einladung verzichten, es gibt Shuttle-Busse und deine Einladung gilt für öffentliche Verkehrsmittel." (Interview B, 213-216)

Die Agenturen betrachten die auf Langfristigkeit ausgerichteten Dekorations- und Produktionsmittel als Vorteil, wie die Interviewpartnerin F erwähnt. Außerdem kann durch Kreativität in Bereichen wie Papier und Druck eingespart werden. Und Sponsorfirmen können originelle, nachhaltige Give-Aways als Geschenke an die Gäste ausgeben.

F meint weiter: „Ich persönlich finde es gut, dass man sich ins Bewusstsein ruft, wo die Dinge herkommen, dass man ein Fünf-Gang-Gala-Dinner im April servieren kann, nur mit regionalen Produkten, dass ich in Österreich einfach die volle Vielfalt habe und da jetzt nicht weiß-Gott-was importieren muss sondern die Qualität genauso liefern kann." (Interview F, Z. 722-727)

Dem eigenen und dem öffentlichen Bewusstsein zu Herkunft der Leistungen und Produkte, der Müllvermeidung und -trennung und dem nachhaltigen Feiern generell wird auch ein gutes, außergewöhnliches Gefühl unter den OrganisatorInnen und den Gästen zugesprochen:

„Wenn man es mal emotional sieht, macht es ein gutes Gefühl. Und ich glaube dass man sich sowohl als Veranstalter als auch als Agentur und in weiterer Folge als Gast sicher besser fühlt." (Interview C, Z. 276-279)

Das Außergewöhnliche kann auch von der anderen Seite her als etwas Unterschiedliches oder Sensibleres betrachtet werden, wie Interviewpartnerin E anmerkt. Es sind unterschiedliche Aspekte zwischen einem normalen und einem Green Event, die im Fokus stehen. Bei einem Green Event werden schon im Vorfeld Punkte beachtet, die bei einer normalen Veranstaltung wenig bis keine Beachtung erhalten, wie die öffentliche Anreisemöglichkeit sowie das regionale und Bio-Catering.

Weiter merkt E an: „Man ist sensibler was das Einladungsmanagement betrifft, also die Drucksorten, wie werden sie gedruckt, werden sie überhaupt noch gedruckt. Das sind die Unterschiede zwischen denen, aber ob das mehr Aufmerksamkeit erregt, kann man schwer sagen." (Interview E, Z. 559-563)

Dass die Umsetzung von Green Events noch ein sehr junger und aktiver Prozess ist und sich gerade beim Catering viel entwickelt, fasst das nächste Zitat von J folgenderweise zusammen: „Was ich konkret bei der Lieferantenthematik beobachte ist - gerade im Bezug auf die Caterer -, dass in den letzten ein, zwei Jahren die Kurve wirklich stark nach oben geht, was Wissen bzw. Zugänglichkeit und Know-how betrifft. [...] Wir haben einen Caterer nach dem anderen, der sich Umweltzeichen-zertifizieren lässt, weil von den Agenturen zunehmend diese Anfragen kommen." (Interview J., Z. 1360-1366)

Zusammenfassung Vorteile und Außergewöhnliches:

Die VeranstalterInnen erkennen als Vorteile eine Aufwertung des Ambientes und des Speisenangebotes sowie ein gutes Gefühl unter allen Beteiligten. Umwelt- und Ressourcenschonung werden anerkannt und gefühlt. In der Organisation sehen sie keinen Mehraufwand.

Für Agenturen ergeben sich Vorteile durch längerfristige Nutzung der produzierten Materialien, durch verstärktes Bewusstsein und Kreativität sowie ganz allgemein durch die steigende Nachfrage ihrer Kunden nach Corporate Green Events.

Was als Außergewöhnliches erwähnt wird sind die intensivere Planung mit dem Einladungsmanagement und die Vorbereitung mit den LieferantInnen (vor allem mit den Cateringfirmen) sowie die ressourcen-, energie- und müllreduzierte Umsetzung.

4.1.5 Nachteile und Erkenntnisse bei Green Events

Für VeranstalterInnen bedeutet ein Green Event auch eine gewisse Einschränkung bei den LieferantInnen und beim ersten Mal eine damit verbundene Verteuerung: „Die Nachteile sind: man ist eingeschränkt bei den Dienstleistern, nicht jeder schafft es Green Events zu machen, und dann wird das teurer." (Interview D, Z. 454-456)

Unter den LieferantInnen verursachen vor allem bei Cateringfirmen die Mehrweggebinde ein komplizierteres Handling. Einweg-Buffet-Equipment und PET-Flaschen haben ein geringeres Gewicht als Mehrweggebinde, was sich auf den Transport- und Personalaufwand auswirkt und ein Erschwernis darstellt:

„Das macht in dem Fall des Caterers sehr viel bei den Transportgewichten aus. Also Green Events sind sicherlich interessant, aber es gibt natürlich gewisse Hürden." (Interview G, Z. 876-882)

Ein sehr heikler Punkt in der Wahrnehmung der TeilnehmerInnen ist das Speiseangebot, vielfach wurde es von mehreren InterviewpartnerInnen als ein sensibles Thema aufgegriffen. Es ist der direkte Berührungspunkt der Veranstaltung mit ihren Gästen: „Catering ist das erste und sichtbarste. Was gut kommunizierbar ist, ist das Essen. Da steht auf den Speisekarten, dass es aus nachhaltiger Produktion oder aus biologischer Landwirtschaft ist. Und von den 1.000 Gästen wissen zumindest 50-60%, dass es Bio und unterschiedliche Lebensmittel gibt." (Interview H, Z. 1138-1143)

Der Interviewpartner C merkt an, dass Agenturen einen anderen Planungs- und Organisationsaufwand bei Green Events haben und dass dieser Mehraufwand bei einmaligen Events einen Nachteil darstellt: „Wenn es ein einmaliger Event ist, dann ist es natürlich nur mehr Aufwand." (Interview C, Z. 324-325). Bei Wiederholungsevents bringen die Planungsvorsprünge allerdings Vorteile mit sich, denn ein Großteil der Produktion ist bereits auf langen Nutzen geplant worden. Dies führt laut C bei Folgeevents zu Einsparungen.

Andere Hürden erwarten die organisierenden Agenturen dennoch in Bereichen wie Blumendekoration und Partnerhotels. Außerdem erschweren die wenig geschulten und spezialisierten Locations den Agenturen ihre Arbeit, wie Interviewpartnerin E feststellt: „Nachteile sind die, dass die Locations - gerade in Wien - noch nicht so sensibilisiert auf dieses Thema sind und es einige Punkte gibt, wo man ab und zu an seine Grenzen stößt, wenn man einen Green Event ausrichten möchte. Wenn wir uns die Locations in Wien so anschauen sind da einige dabei, die mit dem Thema noch gar nichts zu tun haben oder die nicht einmal die Grundanforderungen erfüllen." (Interview E, Z. 570-576)

E erwähnt auch den Mehraufwand durch Nachverhandlungen mit Caterern, wenn es um Themen wie importierte Lebensmittel wie Scampi oder Erdbeeren im Dezember geht. Eine Unwissenheit ist diesbezüglich noch zu erkennen: „Es gibt noch viel zu wenige Leute, die sich damit auskennen." (Interview E, Z. 593-594)

Dass grünes Kochen mehr Vielfalt und Kreativität in die Events bringen kann, zeigen Aussagen des Interviewpartners H. Der tierische Konsum ist laut H ein großes Klimaschutzproblem und würde nicht mehr funktionieren, wenn die Menschen weltweit so viel Fleisch essen würden wie die ÖsterreicherInnen. Wenn es in Richtung vegetarischer und veganer Caterings geht, nehmen die Cateringfirmen und deren Köche die Herausforderung gerne an und freuen sich, in der Küche kreativ zu werden, ohne eine andere Logistik und Arbeitsweise entwickeln zu müssen.

Das Resultat ist hoher Genuss mit Lerneffekt, nur die Würze darf nicht fehlen, so H: „Da habe ich einen echten Nutzen für alle, auch für den Gast, dass er nämlich sieht: heute Abend habe ich so gut wie kein Fleisch gegessen und es hat lecker geschmeckt. Ja, vielleicht könnte ich in Zukunft öfter mal darauf verzichten. Das heißt da habe ich einen echten, auch missionarischen Lerneffekt dabei. Ganz, ganz wichtig ist nur: es muss verdammt lecker schmecken und gewürzt sein, sonst gehen 300 Gäste raus uns sagen: ich weiß warum ich Fleisch esse." (Interview H, Z. 1175-1182)

Doch nicht nur beim Fleischkonsum sondern auch beim Kaffee verhält es sich ähnlich. Es gibt laut J Erkenntnisse, die langfristig eine Kosten- und Ressourcensenkung in alle Richtungen mit sich bringen, wenn Caterer anstatt PETs oder Kaffee-Tabs frisch gemahlenen Kaffee und die entsprechenden Maschinen verwenden. Es ist zwar nicht im Interesse von Kaffee-Tab-Herstellerfirmen, ist seit 1. Juli 2014 allerdings ein Kriterium zur Erlangung des Österreichischen Umweltzeichens für Green Meetings & Events.

Der Interviewpartner J merkt an: „Ich habe in den letzten Jahren bei Konferenzen immer wieder von den Leuten als Feedback zurückbekommen: super zertifiziert, ganz toll, aber seid ihr wahnsinnig, es kann nicht ein Event zertifiziert werden, wo es Kapseln gibt!" (Interview J, Z. 1430-1434)

Zusammenfassung Nachteile und Erkenntnisse bei Green Events:

Die VeranstalterInnen erwähnen bei Green Event eine Einschränkung bei den LieferantInnen und eine damit verbundene Verteuerung, wobei die Gäste die Unterschiede kaum wahrnehmen (am ehesten noch beim regionalen und teils vegetarischen Catering).

Agenturen merken an, dass der Mehraufwand bei Planung und Organisation bei einmaligen Events einen Nachteil darstellt. Außerdem erschweren wenig sensibilisierte Caterer, Locations, LieferantInnen und Hotels die Agenturarbeit.

4.1.6 CO_2-Bilanzierung

Diese Kategorie ist schnell beschrieben: bei keiner einzigen der befragten VeranstalterInnen und Agenturen ist eine CO_2-Bilanzierung geplant oder erstellt worden: „CO_2-Bilanz haben wir noch keine bei den Veranstaltungen erstellt." (Interview E, Z. 630)

B meint dazu: „Im Unternehmen - muss ich zugeben - wird so etwas nicht erstellt. Und ob das für diesen Event erstellt würde, ich glaube nicht." (Interview B, Z. 199-200)

Es liegt höchstwahrscheinlich mitunter an der Komplexität und daran, dass es kein Muss-Kriterium für das Umweltzeichen-Zertifikat ist, wie Interviewpartnerin F festhält. (vgl. Interview F, Z. 746-747)

Lediglich im Drucksortenbereich sind CO_2-Ausgleichszahlungen ein Thema und werden fallweise gleich mit berechnet: z. B. NGOs budgetieren bei den Druckkosten für Einladungen eine CO_2-Kompensationszahlung mit, wie der interviewte H vermerkt. Und H fügt hinzu: „Also ich hab keine einzige Veranstaltung gehabt, wo jemand gesagt hat: rechne mir den Stromverbrauch aus und machen wir eine CO_2-Ausgleichszahlung; wäre aber ein wesentlicher Punkt." (Interview H, Z. 1210-1213)

Von Umweltzeichen-Berater-Seite her wird es als ein Randthema betrachtet und wird auch nie ein Muss-Kriterium für das Österreichische Umweltzeichen für Green Meetings & Events werden. Es wird dennoch im Kriterienkatalog erwähnt, weil es eine Relevanz hat und weil es im Internet relativ einfache CO_2-Berechnungstools für Events gibt. (vgl. Interview J, Z. 1470-1473).

Zusammenfassung CO_2-Bilanzierung:

Weder VeranstalterInnen noch lizenzierte Eventagenturen haben bisher die CO_2-Emissionen bilanziert. Trotz einfacher CO_2-Berechnungstools ist es ein Randthema und wird auch zu keinem Knock-Out-Kriterium für das Österreichische Umweltzeichen werden.

4.1.7 Wiederholung eines Green Events

In allen Fällen, wo Green Events schon umgesetzt wurden, wird es auch zukünftig Wiederholungen geben, da sind sich die Unternehmen und Agenturen einig: „Auf jeden Fall wieder, weil es einfach schade wäre, wenn man etwas zwei Jahre lang macht und im dritten Jahr damit aufhört; das kann man dann auch schwer argumentieren." (Interview E, Z. 635-637)

Ein Unternehmer merkt an, dass es nur die großen Kundenevents betreffen wird und nicht jede kleine Feier. Alle zukünftigen Großveranstaltungen sollen also mit dem Umweltzeichen zertifiziert werden. (vgl. Interview A, Z. 99-101)

Zu einer Kontroverse kommt es bei dem Thema Budgetkürzungen. Der Agenturinhaber H spricht das Thema der finanziellen Einsparungen von Seiten der AuftraggeberInnen an, dem Green Events dann zum Opfer fallen könnten: „Wenn das Budget um 20% gekürzt wird, wird das wahrscheinlich der erste Punkt sein, der gekippt wird." (Interview H, Z. 1228-1229)

Widerlegt wird diese Vermutung durch den Umweltberater J, der eine differenziertere Betrachtungsweise heranzieht und feststellt, dass die Mehrkosten einer Zertifizierung oder allgemein einer Ausrichtung als Green Event im Normalfall gering sind. Ein Ausnahmefall würde nur dann eintreten, wenn eine Agentur überhöhte Tarife für die Zertifizierung verlangt oder wenn das gesamte Gastronomieangebot auf ein „Über-Drüber-Bio-Catering" umgestellt würde. (Interview J, Z. 1482-1490)

Zusammenfassung Wiederholung eines Green Events:

VeranstalterInnen und Agenturen sprechen sich einstimmig für Wiederholungen der nachhaltigen Firmenevents aus. Große Green Events nicht zu wiederholen wäre den KundInnen bzw. Gästen gegenüber nur schwer zu argumentieren.

Einen Diskussionspunkt stellen Budgetkürzungen und deren Folgen auf Green Events dar. Einerseits wird erwähnt, sie könnten zum ersten Streichposten werden, andererseits sind die Zertifizierungskosten so gering, dass andere Komponenten eher gestrichen werden würden.

4.1.8 Persönliche Erlebnisse der OrganisatorInnen

„Beim ersten Mal wäre es für mich wichtig das Green Event zu schaffen" spricht D die Thematik der Überwindung der Anfangshürden an. (Interview D, Z. 463)

Bei einem zweiten Mal oder längerfristiger gesehen vereinfachen sich die Aufgaben und die Realisierung: „Im zweiten Jahr, wie soll man sagen, wussten die Lieferanten schon auf was sie sich einlassen und es war um einiges einfacher, weil es auch immer öfter in der Branche vorkommt." (Interview E, Z. 603-605)

Als persönliches Erlebnis spricht der Veranstalter A die gute Kooperation mit der Agentur an. Somit war es für ihn vom Aufwand her nicht schwieriger als andere Veranstaltungen. Auch für andere Beteiligte bedeutete dieser Green Event keinen Mehraufwand. (vgl. Interview A, Z. 56-59)

Der Interviewpartner C erläutert, dass ein Green Event für ihn als Agenturmanager bei kurzzeitiger Betrachtung komplizierter und kostenintensiver erscheint. Bei langfristiger Betrachtung entstehen allerdings Einsparmöglichkeiten durch die Mehrfachverwendung von Materialien im Dekorations- und Bühnenbereich und durch den Vorsprung einer intensiveren Erstplanung. „Und genauso wie man darüber nachdenkt muss man sich das bei jedem einzelnen Posten überlegen. Langfristig gesehen bedeutet das weniger Aufwand, weil diese ganze Durchdenkerei, wie macht man jetzt diese Bühnenbespannungen z. B., fällt ja dann im nächsten Jahr weg." (Interview C, Z. 308-312)

Was viele unter persönlichen Erlebnissen ansprechen aber aus unterschiedlichen Perspektiven betrachten, ist der Punkt Catering: das Essen ist definitiv ein wichtiger Berührungspunkt der Gäste mit einer Veranstaltung. Die interviewte E hält fest, das Essen kann ganz offensichtlich an die Gäste kommuniziert werden, schwieriger ist die Kommunikation von allem, was im Hintergrund passiert, wie die wiederverwendete Dekoration, die energieeffiziente Technik usw. Ein Problem stellt E jedoch fest, wenn es um die Saisonalität von gastronomischen Produkten geht: „Es gibt viele Lebensmittel, wo wir gar nicht wissen, ob sie zu dem Zeitpunkt regional sind, für den man sie anbietet. Und da kommt oft Feedback wie letztes Jahr: da hatten wir die Veranstaltung im Oktober und im gebratenen Gemüse war Spargel drin, und da wurde schon darauf aufmerksam gemacht, dass der nicht saisonal ist." (Interview E, Z. 615-620)

Zum Thema persönliche Erfahrungen mit saisonal regionalen Produkten merkt G an, dass es eine Kostenfrage ist, denn „viele Produkte aus der Region sind deutlich teurer als wenn man sie auch von weither importiert, es macht einfach den Unterschied, wenn man in Österreich einkauft." (Interview G, Z. 935-938)

Ein großes Thema unter den Organisierenden von nachhaltigen Veranstaltungen ist der Bereich der LieferantInnen. Der interviewte B erwähnt, dass es bei einem Green Event vor allem um die SubunternehmerInnen und nicht die Veranstaltenden geht, „weil im Grunde ist der Eventmanager ein Organisator von diversen Leistungen." (Interview B, Z. 188-189)

In dieser Kategorie tut sich schließlich eine Kontroverse in Bezug auf die Erstellung neuer Umweltzeichen-Richtlinien auf. Die Interviewpartnerin F empfiehlt, bei der Überarbeitung der Richtlinien nicht nur die LizenznehmerInnen einzubeziehen sondern auch die Vertreter der LieferantInnen, „die letztlich für die Umsetzung zuständig sind." (Interview F, Z. 768-769)

Der Umweltzeichen-Berater widerspricht, denn die Ausführenden von Veranstaltungen wurden von Anbeginn an involviert in den Schaffensprozess des Österreichischen Umweltzeichens für die Eventbranche: „Noch vor dem Umweltzeichen für Green Meetings und Events haben wir vier Jahre lang Pilotevents mit der Branche gemacht, so lange bis die Branche selber gesagt hat: wir wollen ein Zertifikat haben. Nur deshalb gibt es seit 2010 - und das ist für ein Zertifikat im Vergleich zu anderen irrsinnig schnell gegangen, also das ist das erfolgreichste Umweltzeichen bis dato überhaupt - einen Erfolg, weil es von der Branche so gekommen ist." (Interview J, Z. 1399-1406)

Zusammenfassung persönliche Erlebnisse:

In dieser Kategorie kamen viele Antworten von den InterviewpartnerInnen zu unterschiedlichen Themen wie persönlicher Mehraufwand bei der ersten Green Veranstaltung, schwierigere LieferantInnenorganisation, intensivere Planung (vor allem im Einladungs-, Print- und Mobilitätsmanagement) sowie komplexere Kostenkalkulation.

Schließlich erwähnen die OrganisatorInnen eine weit umfangreichere Planung und Kontrolle beim grünen Catering, welches sie als den wichtigsten Berührungs- und Rückmeldungspunkt der Gäste mit dem Green Event erachten.

Kontroverse Aussagen gab es zum Grad der Einbindung der LieferantInnen bei der Ausarbeitung neuer Richtlinien für das Österreichische Umweltzeichen.

4.1.9 Perspektive 2024

Einen steigenden Trend im Bereich der Nachhaltigkeit und der Green Events erkennen alle VeranstalterInnen. Insgesamt hat sich mehr Bewusstsein in der Bevölkerung breit gemacht zu Themen wie Natur- und Umweltschutz, Energie- und Ressourcenschonung, Gesundheit und Regionalität, was sich bis 2024 immer weiter auf die Art der Eventausführung übertragen wird. Interviewpartner D sieht einen Wandel sogar schon vor 2024 eintreten: „Man sieht es ja an dem Bewusstsein der Menschen, alle sind sportlich, alle ernähren sich gesund, es gibt gerade diesen Hype um Vegan und Vegetarisch, die Menschen gehen bewusster mit ihrer Umwelt um, und das wird sich auch auf die Events umlegen, viel früher als 2024." (Interview D, Z. 469-474)

Die Interviewpartnerin F erkennt ein geändertes Bewusstsein der Menschen in Richtung Nachhaltigkeit und Regionalität. Für sie bedeutet das weg von Bio hin zu regionalen Produkten. Des Weiteren meint F: „Viele Dinge, die jetzt als Muss-Kriterium bei Green Events angeführt sind, werden automatisch schon umgesetzt, weil die Menschen dafür ein stärkeres Bewusstsein haben." (Interview F, Z. 782-784). Und dass der Green Event bis dahin kein so exotischer Wert mehr ist, den es jetzt herauszuheben gilt, sondern in vielen Dingen als selbstverständlich gesehen wird, hofft F und meint: „Es wäre schön, wenn sich das auch so in der Eventlandschaft widerspiegelt." (Interview F, Z. 790-791)

Bei den Agenturen hoffen vor allem die Umweltzeichen-LizenznehmerInnen, dass 2024 nur noch nachhaltige Firmenevents stattfinden werden: „Die Prognose für 2024 ist, dass wir hoffentlich nur mehr unter diesen Aspekten Veranstaltungen durchführen." (Interview E, Z. 654-655)

Allgemein ist in den letzten Jahren eine steigende Zahl an nachhaltigen Events zu verzeichnen: „Also wir tragen seit zwei Jahren das Österreichische Umweltzeichen und haben jetzt in diesen Jahren schon gesehen, dass die Tendenz steigend ist, auch wenn es nur ein Event pro Jahr ist, ist es trotzdem ein Event mehr, der unter dem Aspekt ausgerichtet wird." (Interview E, Z. 650-653)

Auf der Homepage des Umweltzeichens erkennt A, wie von Jahr zu Jahr mehr Veranstaltungen als Green Events geführt werden. „Und der Trend bleibt sicher bestehen. Irgendwann werden auch andere Agenturen auf Green Events kommen, die jetzt noch zurückschrecken vor dem Mehraufwand, was eigentlich gar nicht stimmt." (Interview A, Z. 110-114)

Allgemein hoffen Agenturen, dass die nächsten zehn Jahre mehr Nachhaltigkeit ins Eventbusiness bringen als die letzten, sehen aber eine schwerfällige Politik als Hinkelsteine auf diesem Weg: „Es ist wieder die Frage, wie lahm oder nicht lahm die Politik dann ist, oder um bei den Lobbys zu bleiben, wie stark die sind und wie gewisse Dinge geschützt werden." (Interview C, Z. 366-370)

Dass 2024 nur mehr Umweltzeichen-zertifizierte Events von Gesetzesseite her umgesetzt werden dürfen, wird laut J nicht eintreffen. Denn im Bereich von Firmenevents kann die Politik nicht viel vorschreiben. „Wenn sich politisch in anderen Bereichen plötzlich wahnsinnig viel tut, was nahe der Umwelt ist, hat das Auswirkungen wie sich Firmen verhalten, als Gesamtes, und das wiederum indirekt in Bezug auf Events, die sie veranstalten, aber das ist über fünf Ecken, wie die Politik da rein wirkt." (Interview J, Z. 1574-1580)

Neben politischen Überlegungen spielt die unternehmerische Rentabilität in Bezug auf die Finanzen eine große Rolle. Unter dem Strich muss es sich finanziell rechnen, meint Interviewpartner B. „Und mein Chef sagt immer: am Ende des Tages zählt das Geld." (Interview B, Z. 224) Wenn ökonomischer Vorteil aber gegeben ist, dann wird laut B im Jahr 2024 viel mehr Bewusstsein da sein nachhaltig zu wirtschaften.

Sehr ernüchternd beschreibt ein Agenturchef die wenigen nationalen und internationalen Aktivitäten in Richtung Nachhaltigkeit in den vergangenen Jahren, die auf die nächsten zehn Jahre umgelegt nur geringes Interesse von Seiten der Unternehmen und Politik für Green Events prognostizieren lassen könnten:

„Ich bin ziemlich desillusioniert, dass wir im Umweltbereich nur ansatzweise soviel weiterbringen wie wir sollten. Ich arbeite seit 20 Jahren im Umweltbereich, das war der Beginn der Agentur, und wenn man mich vor 20 Jahren gefragt hätte, ob wir in 20 Jahren das Klimaschutzthema stärker verankern und ich jetzt sehe, wie wenig dabei heraus gekommen ist, dann muss ich sagen, es hat sich nichts getan." (Interview H, Z. 1234-1240)

Laut H werden Zielsetzungen auf internationaler Ebene dauernd hinaus geschoben und es wird so sein wie heute auch, dass es nur 10% der Bevölkerung und der Firmen sowie deren ManagerInnen ein Anliegen ist. Da wird sich nach der Meinung von H nicht viel ändern, weil im Endeffekt braucht es immer Menschen, die sagen: „Ich gehe von meiner persönlichen Warte weg und frage, was kann ich für diese Gesellschaft tun? Das heißt es braucht immer ein Abstrahieren von meinem Ego hin zu dem, was ich zur Gesellschaft beitragen kann." (Interview H, Z. 1247-1249)

Zusammenfassung Perspektive 2024:

VeranstalterInnen beobachten einen steigenden Trend im Bereich der Nachhaltigkeit und des Umwelt-, Energie- und Gesundheitsbewusstseins in der Bevölkerung, der sich bis 2024 immer weiter auch auf Events umlegen wird.

Umweltzeichen-lizenzierte Agenturen verzeichnen in den kurzen Jahren schon eine steigende Anzahl an Corporate Green Events und hoffen, dass 2024 nur noch nachhaltige Firmenevents stattfinden.

Andere betrachten das politische Interesse als eher gering und die Gesetzesänderungen in diese Richtung gehend als ein langwieriges Unterfangen, hoffen aber genauso, dass die nächsten zehn Jahre mehr Nachhaltigkeit ins Eventbusiness bringen als die vergangenen. In welchem Maße sich Bewusstseinswandel und Nachhaltigkeitsgedanken tatsächlich einstellen und umsetzen lassen, werden die nächsten Jahre zeigen.

4.2 Zusammenfassung der Empirie

4.2.1 Die Ergebnisse auf einen Blick

Die qualitative Untersuchung mit Face-to-Face-Interviews ergab einen tiefen Einblick in die Wahrnehmung der EventexpertInnen zum Thema nachhaltige Firmenveranstaltungen. Corporate Green Eventmanagement erfährt ein signifikantes Steigen und erfreut sich in den letzten Jahren größerer Beachtung und Wertschätzung unter Business-VeranstalterInnen und Eventagenturen.

Das Österreichische Umweltzeichen für Green Meetings & Events wird dabei als das bekannte Zertifikat und Ziel angestrebt. Jährlich steigen die Zahl der Umweltzeichen-LizenznehmerInnen und der Green Events sowie das Bewusstsein allgemein in der Gesellschaft hin zu nachhaltigen Werten wie regionale Wirtschaft, sozio-kulturelle Aspekte und Umwelt- und Ressourcenschonung.

Den Impuls, eine Firmenveranstaltung unter die Aspekte der Nachhaltigkeit zu stellen, geben in den meisten Fällen einzelne Personen in Führungspositionen mit privatem und professionellem Interesse in dem Bereich. Als einzige Ausnahme wurde der Umstand erwähnt, dass ein Unternehmen bereits Nachhaltigkeitsthemen zum internen Anliegen hat.

Was die Kommunikation des Themas Nachhaltigkeit beim Event betrifft geben die Interviewten an, dass die Gäste vor allem über die Einladung, Anreisemöglichkeiten, Bühnenmoderation und das regionale saisonale Catering zu Umwelt-, Ressourcenschonung und regionaler Wertschöpfung explizit informiert werden.

Als Informationsquellen zur Planung und Abwicklung von Corporate Green Events nennen die Interviewten das Internet, Fachkurse, öffentliches Informationsmaterial sowie Berater-/Eventagenturen mit Umweltzeichen-Lizenz.

Als Vorteile werden eine Aufwertung des Ambientes und des Speisenangebotes sowie ein gutes Gefühl unter allen Beteiligten erkannt. Für Agenturen bedeuten die längerfristige Nutzung der produzierten Materialien, die detaillierte, kreative Planung und die steigende Nachfrage ihrer AuftraggeberInnen weitere Vorzüge.

Ein Punkt, an dem sich VeranstalterInnen und Eventagenturen widersprechen, ist der Aufwand in der Planung eines Green Events. Die veranstaltenden Unternehmen erkennen keinen Mehraufwand in der Vorbereitung, die Agenturen hingegen erwähnen ein intensiveres Einladungs- und Mobilitätsmanagement und eine aufwendige Vorbereitung mit den LieferantInnen und PartnerInnen – wie Blumen- und Dekorationsfirmen, Locations, Hotels und vor allem Cateringfirmen, denn das nachhaltige Buffet wird als wichtiger und direkter Berührungspunkt der Gäste mit dem Green Event angeführt.

Unisono lautete die Antwort auf die Frage der CO_2-Bilanzierung der Events, es wurde auf beiden Seiten noch keine CO_2-Berechnung und -Kompensierung gemacht.

Ebenso einstimmig sprechen sich VeranstalterInnen und Agenturen für Wiederholungen ihrer nachhaltigen Firmenevents aus. Green Events nicht zu wiederholen wäre den Gästen gegenüber nur schwer zu argumentieren.

Ein Bewusstseinswandel zeichnet sich im Firmeneventbusiness ab. Die EventmanagerInnen beobachten einen steigenden Trend im Bereich der Nachhaltigkeit und des Umwelt-, Energie- und Gesundheitsbewusstseins in der Gesellschaft und in Unternehmen. Gesetzesänderungen bei Firmenevents hin in diese Richtung werden allerdings als ein schwieriger Prozess gesehen. Es wird in den nächsten Jahren weiterhin an den VeranstalterInnen liegen, Nachhaltigkeit bei ihren Events zu zeigen oder zu lassen.

Die Anzahl der Corporate Green Events sowie der Umweltzeichen-LizenznehmerInnen nimmt jedenfalls zu. Eine weitere Stärkung dieses Trends in den nächsten zehn Jahren erwarten sich alle Interviewten, lediglich die Diskussion zu dessen Ausmaß lieferte unterschiedliche Ergebnisse.

4.2.2 Beantwortung der zentralen Forschungsfrage

Auf die Forschungsfrage, welches Potenzial Green Events für Eventagenturen und VeranstalterInnen im Vergleich zu anderen haben, kann der Autor die folgenden Antworten geben:

Green Event Management ist ein junger Prozess, der dynamisch fortschreitet und der jährlich mehr Interessierte zu aktiver Ausübung animiert. Im Segment der Firmenveranstaltungen haben Green Events das Potenzial sich bis 2024 neben anderen traditionellen Eventformen zu einem modernen Standard zu etablieren.

Für VeranstalterInnen bedeutet das Anwenden und Zur-Schau-Stellen von Nachhaltigkeit bei ihren Firmenevents ein Bekenntnis zu zukunftsorientierten ökologischen, ökonomischen und sozio-kulturellen Strategien. Die Aufwertung durch ein nachhaltiges Ambiente und Speisenangebot und die Umwelt- und Ressourcenschonung stellen weitere Vorteile dar. Und das Image wird aufgewertet, vor allem bei Unternehmen, die auf der Watch-List der UmweltschützerInnen stehen, wie etwa Mineralölfirmen, Pharmakonzerne etc.

Die VeranstalterInnen beobachten einen steigenden Trend im Bereich der Nachhaltigkeit und des Umwelt-, Energie- und Gesundheitsbewusstseins in der Bevölkerung, der sich zukünftig immer weiter auf Events umlegen wird. Denn EventbesucherInnen fordern von Veranstaltenden mehr nachhaltiges Engagement, jene wiederum spezifizieren es in ihren Event-Ausschreibungen an die Agenturen, welche es dann als Anforderung an die Partnerfirmen weiter geben.

Für Agenturen eröffnet sich somit ein neuer Tätigkeitsbereich: Corporate Green Events mit Umweltzeichen-Zertifizierung werden verstärkt ausgeschrieben und angefragt. Die LizenznehmerInnen des Österreichischen Umweltzeichens erwartet folglich eine steigende Nachfrage und die Möglichkeit auf langfristige Kundenbindung. Denn Unternehmen, die einmal den Schritt hin zu nachhaltigen Events machen, wiederholen diese Art von Firmenveranstaltungen, weil es ein nachhaltiges Image und Vertrauen unter den Gästen schafft.

Green Event ist ein ernstes Thema. Da es kein geschützter Begriff ist, kann jedes Unternehmen einen solchen Event organisieren. Damit kein Green Washing geschieht, verhindert das Österreichische Umweltzeichen dies von vornherein mit seinen laufend an die Branche angepassten Richtlinien und Knock-out-Kriterien.

Das gute Gefühl und den nachhaltigen Erlebniseffekt unter den Gästen erzielen vorwiegend das Mobilitätskonzept - beschrieben auf der Einladung zum Event -, die nachhaltig ausgestattete, dekorierte und inszenierte Location sowie das Event-Catering mit seinem Bio-/Fairtrade- und saisonal regionalen Angebot.

Was den Kostenaufwand von Corporate Green Events betrifft, der immer einen sensiblen Punkt in der unternehmerischen Kalkulation darstellt, kann festgehalten werden, dass die nachhaltige Ausführung einer Firmenveranstaltung nur einen geringen Mehraufwand mit sich bringt. Auf lange Frist gesehen verhilft eine nachhaltige Event-Umsetzung sogar zu Einsparungen durch Mehrfachverwendung der Ausstattung, durch Planungs- und Organisationsvorsprünge und durch dauerhafte Kundenbindung im B-2-B-Bereich.

4.2.3 Hypothesengenerierung

Hypothesen sind vorläufige, im weiteren Verlauf zu überprüfende Annahmen über das, was ist. In der klassischen Wissenschaftstheorie dienen sie als Erkenntniswerkzeug, das Untersuchungen zu der Frage anregt, ob eine Hypothese beizubehalten oder zu verwerfen ist. Es geht nicht darum, die eine richtige Hypothese zu finden sondern eine Vielfalt an Hypothesen zu einer Vielfalt von Perspektiven und Möglichkeiten zu machen. Oft bieten Hypothesen, die den gewohnten Beschreibungen entgegenstehen, neue und überraschende Erkenntnisse. (vgl. von Schlippe & Schweitzer, 1996, S. 117)

Aus den Zusammenfassungen der Kategorien bildete der Autor mittels Farbco-dierung immer wieder übergreifend auftauchende Themen zu Blöcken, die als Grundlage für die einzelnen Hypothesen dienten. Teils haben die generierten Hypothesen ihren Ursprung in direkt angesprochenen Fragen aus dem Inter-viewleitfaden heraus, teils sind es Themen, die mehrere InterviewpartnerInnen auf die offenen Fragen hin verstärkt und immer wieder angesprochen haben.

4.3 Hypothesen

Zur Einleitung ein Zitat des deutschen Dichters Novalis (1772-1801): „Hypothesen sind Netze; nur der wird fangen, der auswirft." (zit. nach Mörten-hummer & Mörtenhummer, 2009, S. 223)

4.3.1 Hypothese 1

Initiativen von Einzelpersonen:

Die Initiative zu Corporate Green Events geht von Einzelpersonen aus, also von einer treibenden Kraft. Diese Person hat ein privates wie professionelles Inte-resse an Nachhaltigkeit und sitzt in einer Führungsposition.

4.3.2 Hypothese 2

Nachhaltigkeit als Unternehmensstrategie:

Unternehmen, die Corporate Social Responsibility, Umweltschutz- oder Nach-haltigkeitsstrategien bereits in ihrem Leitbild verankert haben, zeigen ein höhe-res Engagement als andere, die eigenen Firmenevents als Green Events zu organisieren.

4.3.3 Hypothese 3

Informationsbeschaffung und Abwicklung eines Corporate Green Events:

VeranstalterInnen erhalten Informationen zu Green Events primär aus dem Internet, aus Fachkursen und aus öffentlichen Aussendungen und beauftragen im Falle eines nachhaltigen Firmenevents LizenznehmerInnen des Österreichischen Umweltzeichens.

4.3.4 Hypothese 4

Eventagenturen und Umweltzeichen-Zertifizierung:

Eventagenturen, die Lizenznehmerinnen des Österreichischen Umweltzeichens sind, erwartet eine steigende Nachfrage zu Corporate Green Events und somit die Möglichkeit auf langfristige Kundenbindung.

4.3.5 Hypothese 5

LieferantInnen-Thematik:

Für veranstaltende Firmen bedingen Corporate Green Events zwar eine Einschränkung bei den LieferantInnen aber keinen Mehraufwand in der Organisation. Bei Eventagenturen hingegen erschweren wenig sensibilisierte PartnerInnen wie Cateringfirmen, Hotels und Locations die Planungsarbeit.

4.3.6 Hypothese 6

Green Event geht durch den Magen:

Der direkte Berührungspunkt der Gäste zum Green Event ist das saisonal regionale, Fairtrade- und Bio-Speisenangebot. Ein Corporate Green Event geht durch den Magen. VegetarierInnen und Gourmets werden nicht benachteiligt.

4.3.7 Hypothese 7

Die Wahrnehmung der Gäste:

Bis auf die grünen Hinweise zu klimaschonender Anreise auf der Einladung und dem saisonal regionalen Catering am Buffet bemerken die Gäste kaum Unterschiede zwischen Green Events und anderen Eventformen, es sei denn sie werden ausdrücklich darauf hingewiesen.

4.3.8 Hypothese 8

Einmalige versus wiederholte Green Events:

Der Mehraufwand in nachhaltiger Planung und Organisation bei einem nur einmalig stattfindenden Green Event stellt für Agenturen einen Nachteil dar. Sollte diese Veranstaltung aber wiederholt werden, bringt es den Organisierenden Planungsvorsprünge und Ressourceneinsparungen. Und Unternehmen tendieren zu Wiederholungen ihrer nachhaltigen Firmenevents, denn alles andere wäre den Gästen schwer zu argumentieren.

4.3.9 Hypothese 9

Green Washing versus Umweltzeichen:

Green Event ist kein geschützter Begriff, jedes Unternehmen kann einen solchen Event organisieren. Das Österreichische Umweltzeichen mit seinen laufend an die Branche angepassten Richtlinien und Knock-out-Kriterien verhindert Green Washing von vornherein.

4.3.10 Hypothese 10

Der Trend zu Corporate Green Events:

Die Tendenz hin zu nachhaltigen Firmenveranstaltungen und die Anzahl der LizenznehmerInnen des Österreichischen Umweltzeichens werden in den nächsten Jahren weiter stark steigen.

4.3.11 Hypothese 11

Gesetze zu nachhaltigen Firmenevents bis 2024:

Dass Firmenevents 2024 von Gesetzesseite her nur noch als Green Events umgesetzt werden dürfen ist auszuschließen, obwohl nachhaltig orientierte EventorganisatorInnen es so erhoffen.

4.4 Offene Forschungsfragen

Diese qualitative Forschung zu der Frage nach dem Potenzial von nachhaltigen Firmenevents liefert Ergebnisse und Vergleiche aus den Betrachtungswinkeln der VeranstalterInnen und der Eventagenturen.

Angewandte Nachhaltigkeitsstrategien bringen den Unternehmen neben einem aufpolierten Image mehrere Vorteile in der Inszenierung eines hochwertigen Eventambientes und liefern eine Antwort auf die steigende Nachfrage der VeranstaltungsbesucherInnen nach regionalen Produkten und Leistungen, nach Umwelt- und Klimaschonung und nach sozialen und kulturellen Belangen.

Den Eventagenturen bringen Corporate Green Events neben einer steigenden Nachfrage seitens der AuftraggeberInnen eine Möglichkeit zur nachhaltigen Planung und Abwicklung von Firmenveranstaltungen und langfristige Kundenbindung. Das Österreichische Umweltzeichen bietet den Agenturen seit 2012 ein Gütesiegel speziell für den Bereich der Green Events und weist mit einem Zertifikat die Einhaltung von nachhaltig verträglichen Kriterien nach.

Folgende offene Forschungsfragen zu dem Thema ergeben sich:

> Welche Herausforderungen stellen Corporate Green Events für LieferantInnen und Partnerfirmen der Eventbranche dar?

> Welche Maßnahmen können für eine stärkere Sensibilisierung von Locations, Ausstatter- und Cateringfirmen zu dem Thema Nachhaltigkeit bei Firmenevents gesetzt werden?

> Was erwarten sich nachhaltig orientierte Gäste von den Unternehmen und Agenturen, die Corporate Events umsetzen?

> Wie können politische Maßnahmen und gesetzliche Vorschriften EventorganisatorInnen hin zu nachhaltiger Umsetzung ihrer Veranstaltungen führen?

4.5 Persönliche Erkenntnisse

Das Thema Nachhaltigkeit in der Eventbranche ist ein brisantes, ein emotionales, ein umfangreiches, ein junges und ein zukunftsweisendes zugleich. Die Untiefen der Thematik führten den Autor bei der ersten Ausarbeitung dieser Arbeit vom Hundertsten ins Tausendste. Schnell wurde aufgrund der Komplexität des Themas der Fokus verloren, immer wieder war die Aufmerksamkeit auf die Kernfrage nach dem Potenzial von Corporate Green Events neu zu richten.

Doch mit vertiefter Literaturrecherche, Interessens- und Wissensbildung und den aufschlussreichen Interviews mit den EventexpertInnen stellte sich ein klareres Bild ein, ergaben sich Muster und Kontroversen und steigerte sich die persönliche Spannung im positiven Sinne.

Die Umsetzung nachhaltiger Firmenevents steckt noch in den Kinderschuhen, doch es keimen viele Initiativen von Unternehmen und Einzelpersonen in Richtung Green Event auf. Themen wie regionale Wertschöpfung, Lebensmittel aus der Region, klimaschonende Mobilität, CO_2- und Abfallreduktion sowie Chancengleichheit und Sozialverträglichkeit werden immer häufiger aufgegriffen.

Das Bewusstsein der Menschen zu den Konsequenzen des eigenen Handelns wird geschärft. Das Verlangen junger Menschen nach Ressourcen- und Umweltschonung steigt. Und die Wirtschaft erkennt zunehmend die neuen Chancen, die die Nachhaltigkeit generiert.

Für den Autor bedeutet die Erstellung dieser MasterThesis zugleich eine Reise zu persönlicher Wissensbildung und Sinnesschärfung, die reich an Erkenntnissen und mit neuen Zielsetzungen auf den nächsten Seiten dem Ende zugeht.

4.6 Kritische Reflexion über die Gültigkeit der Arbeit

Die berufliche Nähe des Autors zu dem Forschungsfeld kann einerseits als Einflussfaktor gesehen, andererseits als Insider-Vorteil aufgefasst werden.

Von den InterviewpartnerInnen war nur die Hälfte gänzlich unbekannt, die andere auf professioneller Ebene bekannt. Und zu einem Interviewten ist der Kontakt über das Eventmanagement-Studium entstanden.

Die eigene Tätigkeit als Eventtechnikausstatter bei einer der im Interview abgefragten Veranstaltungen soll ebenfalls als kritischer Punkt erwähnt sein.

Ein weiterer Aspekt ist die räumliche Beschränkung auf Wien, sämtliche Interviewte haben ihren Firmen- oder Agentursitz in dieser Stadt.

5 LITERATURVERZEICHNIS

5.1 Literarische Druckwerke

Anselm Strauss, Leonard (1991). *Grundlagen qualitativer Sozialforschung. Datenanalyse und Theoriebildung in der empirischen soziologischen Forschung.* München: Wilhelm Fink Verlag

Bauer, Matthew, Capps, Adrienne & Hart, Ted (2010). *Nonprofit Guide to Going Green.* Hoboken - New Jersey: John Wiley & Sons, Inc.

Baum, Tom, Deery, Margaret, Hanlon, Clare, Lockstone, Leonie & Smith, Karen (2009). *International Journal of Event and Festival Management,* 2(3), S. 202-217.

BDW – Deutscher Kommunikationsverband (1992). *Bedeutung, Planung und Durchführung von Events – Erhebungsbericht 1992.* Bonn: Deutscher Kommunkationsverband (BDW).

Bischof, Roland (2008). *Event-Marketing. Emotionale Erlebniswelten schaffen – Zielgruppen nachhaltig binden.* Berlin: Cornelsen Verlag Scriptor.

Böhme-Köst, Peter (1992). *Tagungen, Incentives, Events: Gekonnt inszenieren – Mehr erreichen.* Hamburg: Marketing Journal

Deimel, Klaus (1992). *Wirkungen der Sportwerbung: Eine verhaltenswissenschaftliche Analyse.* Frankfurt/Main: Verlag Peter Lang.

Drengner, Jan (2003). *Imagewirkungen von Eventmarketing. Entwicklung eines ganzheitlichen Messansatzes.* Wiesbaden: Gabler Edition Wissenschaft.

Dresing, Thorsten & Pehl, Thorsten (2013). *Praxisbuch Interview, Transkription & Analyse* (5. Aufl.). Marburg: Eigenverlag.

Frank, Gerhard (2011). *Erlebniswissenschaft. Über die Kunst Menschen zu begeistern.* Wien: LIT Verlag.

Gläser, Jochen & Laudel, Grit (2010). *Experteninterviews und qualitative In-haltsanalyse* (4. Aufl.). Wiesbaden: VS Verlag.

Glogger, Anton (1999). *Imagetransfer im Sponsoring. Entwicklung eines Erklä-rungsmodells.* Frankfurt/Main: Verlag Peter Lang.

Goethe, Johann Wolfgang von (1885). *Natur und Kunst, Gedichte, II. Theil.* Leipzig: Philipp Reclam jun.

Goldblatt, Joe (2002). *Special Events: Twenty-First Century Global Event Ma-nagement.* New York: John Wiley & Sons, Inc.

Goldblatt, Samuel (2012). *The Complete Guide to Greener Meetings and Events.* Hoboken – New Jersey: John Wiley & Sons, Inc.

Goleman, Daniel (2009). *Ökologische Intelligenz. Wer umdenkt, lebt besser.* München: Droemer Verlag.

Graf Zedtwitz-Arnim, Georg-Volkmar (1978). *Tu Gutes und rede darüber – Public Relations für die Wirtschaft.* Köln: Deutscher Instituts-Verlag.

Grunwald, Armin & Kopfmüller, Jürgen (2012). *Nachhaltigkeit* (2. aktualisierte Aufl.). Frankfurt am Main: Campus Verlag.

Harries, Jan & Wedekind, Julia (2006). *Der Eventmanager – Das Handbuch aus der Agenturpraxis.* Münster: LIT Verlag.

Hladky, Andreas & Vögl, Klaus (2012). *Grundlagen Professionelles Eventmar-keting.* Wien: Wirtschaftskammer Österreich, Fachverband Freizeit- und Sport-betriebe.

Kästner, Erich (1936). *Doktor Erich Kästners Lyrische Hausapotheke.* Zürich: Atrium Verlag.

Knoblauch, Hubert (2000). *Das strategische Ritual der kollektiven Einsamkeit. Zur Begrifflichkeit und Theorie des Events*, in: Gebhardt, Winfried, Hitzler, Ronald & Pfadenhauer, Michaela, (2000). *Events: Soziologie des Außerge-wöhnlichen*, S. 33-50. Opladen: Leske + Budrich Verlag.

Mayer, Jürgen (2013). *Corporate Social Responsibility: Der Öffentlichkeitsauftritt von Unternehmen im Kontext von CSR.* Hamburg: disserta Verlag.

Mayring, Philipp (2002). *Einführung in die Qualitative Sozialforschung* (5. Aufl.). Weinheim und Basel: Beltz Verlag.

Mayring, Philipp (2008). *Qualitative Inhaltsanalyse. Grundlagen und Techniken* (10. Aufl.). Weinheim und Basel: Beltz Verlag.

Mehrmann, Elisabeth & Plaetrich, Irmhild (2003). *Der Veranstaltungs-Manager.* München: Deutscher Taschenbuch Verlag.

Mikunda, Christian (2007). *Marketing spüren. Willkommen am Dritten Ort.* Heidelberg: Redline Wirtschaft.

Mörtenhummer, Monika & Mörtenhummer, Harald (2009). *Zitate im Management.* Wien: Linde Verlag.

Neumann, David (2006). *Erlebnismarketing – Eventmarketing. Grundlagen und Erfolgsfaktoren.* Saarbrücken: VDM Verlag Dr. Müller.

Schaefer-Mehdi, Stephan (2009). *Event-Marketing. Kommunikationsstrategie – Konzeption und Umsetzung – Dramaturgie und Inszenierung.* Berlin: Cornelsen Verlag Scriptor GmbH & Co. KG.

Schiller, Johann Christoph Friedrich von (1879). *Die Sprüche des Confucius, Schillers Sämmtliche Werke, I. Band.* Stuttgart: J.G. Cotta´sche Buchhandlung.

Schreiber, Michael-Thaddäus (2012). *Kongresse, Tagungen und Events – Potenziale, Strategien und Trends der Veranstaltungswirtschaft.* München: Oldenbourg Wissenschaftsverlag GmbH.

Studt, Jürgen Friedrich (2008). *Nachhaltigkeit in der Post Merger Integration.* Wiesbaden: Galber Verlag.

Von Schlippe, Arist & Schweitzer, Jochen (1996). *Lehrbuch der systemischen Therapie und Beratung.* Göttingen: Vandenhoeck & Ruprecht.

5.2 Internetquellen

Link Bio-Austria. *4. greenEXPO Messe Wien*
http://www.bio-austria.at/konsumenten__1/aktuell/oesterreichweit
[Datum der Abfrage: 29. Juli 2014]

Link Climate Austria. *CO2-Kompensation*
https://www.climateaustria.at/de/home/ber_climate_austria/
[Datum der Abfrage: 25. Juli 2014]

Link EITW – Europäisches Institut für TagungsWirtschaft (2012). *Tagungs- und Veranstaltungsmarkt Deutschland – Das Meeting- & EventBarometer 2012.*
http://www.gcb.de/de/green-neu/nachhaltigkeit-im-gcb
[Datum der Abfrage: 26. Juli 2014]

Link GCB German Convention Bureau. *CO2-Rechner.*
http://www.gcb.de/de/green-neu/co2-rechner
[Datum der Abfrage: 25. Juli 2014]

Link Green Events Austria. *Beispiele aus der Praxis (2014).*
http://www.bmlfuw.gv.at/umwelt/nachhaltigkeit/green-events/projekte.html
[Datum der Abfrage: 17. Mai 2014]

Link Green Events NÖ. *Green Events Niederösterreich Konferenz am 29. April 2014 in St. Pölten.* http://www.bmlfuw.gv.at/umwelt/nachhaltigkeit/green-events/initiative/noe-konferenz2014.html
[Datum der Abfrage: 27. Juli 2014]

Link Green Globe (2014). *Internationale Green Globe Certification.*
http://greenglobe.com/about/
[Datum der Abfrage: 29. Juli 2014]

Link MyClimate. *Event-CO2-Calculator.*
https://co2.myclimate.org/de/event_calculators/new
[Datum der Abfrage: 25. Juli 2014]

Link Nachhaltigkeit.at. *1. Internationaler SoPro Kongress Wien.*
https://www.nachhaltigkeit.at/home/services/eventtipps/3-4-juni-2014-wien-1-
internationaler-sopro-kongress
[Datum der Abfrage: 29. Juli 2014]

Link Nachhaltigkeit Deutschland. *Grundlagen Nachhaltigkeit.*
http://www.nachhaltigkeit.info/artikel/grundlagen_1476.htm
[Datum der Abfrage: 18. Mai 2014]

Link Sustainable Entrepreneurship Award. *SE-Award 2014.*
www.se-award.org
[Datum der Abfrage: 4. August 2014]

Link Umweltpreis. *Umweltpreis der Stadt Wien 2014.*
http://www.wien.gv.at/umweltschutz/oekobusiness/preis.html
[Datum der Abfrage: 29. Juli 2014]

Link Umweltzeichen Richtlinien. *UZ62 (2014).*
http://www.umweltzeichen.at/richtlinien/UZ62_R3.0a_Green%20Meetings%20u
nd%20Green%20Events_2014.pdf
[Datum der Abfrage: 16. Juli 2014]

Link Wiener Veranstaltungsgesetz. *Gesetz über die Regelung des Veranstal-
tungswesens – Rechtsvorschrift vom 31.07.2013.*
http://www.wien.gv.at/recht/landesrecht-
wien/rechtsvorschriften/html/i5800000.htm
[Datum der Abfrage: 30. Juli 2014]

Link Wirtschaftsblatt. *Branchenreport.*
http://www.wirtschaftsblatt.at
[Datum der Abfrage: 4. Juni 2014]

Link Wirtschaftskammer Österreich. *CSR.*
www.wko.at/Content.Node/branchen/oe/sparte_iuc/Unternehmensberatung-
und-Informationstechnologie/ExpertsGroups/csr/Was_ist_CSR_.html
[Datum der Abfrage: 14. Mai 2014]

5.3 Fachmagazine und -schriften

Angst, Karl-Heinz (2009). *Grünes Mäntelchen für ein gutes Gewissen*, in: TW 6/2009, 33. Jg. (2009), S. 38-40.

Europäisches Institut für TagungsWirtschaft (2012). *Tagungs- und Veranstaltungsmarkt Deutschland. Das Meeting- und EventBarometer 2011/2012.* Frankfurt am Main - Wernigerode: EITW GmbH an der Hochschule Harz.

Lebensministerium (2013). *Nachhaltigkeitsbarometer 2013 – Headline-Indikatoren.* Wien: Bundesministerium für Land- und Forstwirtschaft, Umwelt und Wasserwirtschaft.

Lebensministerium (2014). *Österreichisches Umweltzeichen für Green Events.* Wien: Bundesministerium für Land- und Forstwirtschaft, Umwelt und Wasserwirtschaft.

Tappeiner, Georg (2013). *Green Event Management.* Wien: ARGE Bildungsmanagement.

Weinhäupl, Daniela & Zargel, Bernhard (2011). *Green Meeting Katalog – Leitfaden zur umweltbewussten Organisation von Veranstaltungen.* Salzburg: PLUS Green Campus Universität Salzburg.

WCED World Commission on Environment and Development (1987). *Our Common Future - The Brundtland Report.* Oxford: Oxford University Press.

WKO Fachverband Freizeit- und Sportbetriebe (2013). *Berufsbild der österreichischen Event- und Veranstaltungsunternehmen.* Wien: Wirtschaftskammer Österreich.

Zukunftsinstitut Österreich (2011). *Event der Zukunft – Ein Handbuch für das neue Zeitalter der Eventbranche.* Wien: Zukunftsinstitut Österreich GmbH.

5.4 Abbildungsverzeichnis